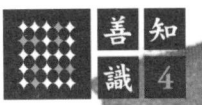

GREAT EASTERN SUN
The Wisdom of Shambhala

東方大日

藏傳香巴拉的智慧

著者◎
邱陽‧創巴仁波切 Chögyam Trungpa

譯者◎
楊書婷

致格薩王

黃金圖案所飾之盔甲，
檀香馬鞍所置之駿馬：
供養偉大勇士之將軍——
迅即降服野蠻之狂徒。

尊貴大勇士陛下，
猶如烏雲中閃電。
尊之大勇士微笑，
猶如天上之滿月。
無可比擬之大力，
猶如猛虎之跳躍。
由諸軍隊所環繞，
尊為狂野之犛牛。
若要與尊為敵對，
好比被鱷魚活捉：
大勇士請護祐我，
祖先所傳之後嗣。

目錄

致格薩王　3
〈序〉**分享喜悅生活** / 雪謙冉江仁波切　7
〈前言〉**香巴拉的菩薩作風**　8
〈編者序〉**基本良善之歌**　10
〈譯者序〉**大圓滿地圖**　14

導論：王國、蟲繭、東方大日　17

第一部　深奧　31

本初的那一筆
　　1. 廣闊虛空中的一點　33
　　2. 面對清晨憂鬱症　43
　　3. 克服生理上的唯物主義　55

本初的那一點
　　4. 宇宙的噴嚏　75
　　5. 四季的規律　85
　　6. 大圓鏡智　95

第二部　光耀　107

神聖的存在：天地合一

> 7. 神聖性：大自然的律則與秩序　109
>
> 8. 基本良善之王　121
>
> 9. 如何生起東方大日　133

第三部　即是　145

想要成為的熱情

> 10. 無所責怪：如何愛自己　147
>
> 11. 成就上三道　159
>
> 12. 大大的不　169

無所畏懼的輕鬆

> 13. 孤獨與上三道的七善德　183
>
> 14. 四季之王　197

第四部　威力　207

勇士之吶喊

> 15. 良善的基本喘息　209
>
> 16. 幫助他人　213
>
> 17. 傳承　225

第五部　全勝　229
勇士之微笑
   18. 心的問題　231
   19. 「木克坡」一族　235
   20. 超越憂鬱　243
   21. 東方大日：虛空中的一點　249

〈跋〉**佛法西傳的先驅**　252

〈編後記〉**妙語如珠，一針見血的高手** / 吉米安　256

〈名詞解釋〉　270

〈作者筆注〉　279

〈相關資源〉　283

〈附錄〉　284

〔序〕

分享喜悅生活

　　創巴仁波切曾是頂果欽哲法王（我的祖父與上師）的親近弟子與心靈之交，也是促使西方世界接觸殊勝佛法的重要功臣。他之所以這麼做，並非是以傳教者的身份，而主要是與大眾分享他自身對佛法義理的廣博了解與精神修持的深刻覺受。對於非佛教徒、甚至是那些毫無任何宗教信仰的人來說，他也提供了一種獨特的學習方式，讓他們能夠從超越名相與指稱的佛法精髓中獲益良多。而這種精髓正是我們用以轉化自身、成為更良善的人，以及過有意義的生活所需要的。這是一種經由自身喜悅所啓發而延續、並且全然奉獻自身使他人離苦得樂的生活。

雪謙冉江仁波切
二〇〇一年十二月九日於台北

〔前言〕

香巴拉的菩薩作風

　　謹代表我已逝的先生,即邱陽‧創巴仁波切(Chögyam Trungpa Rinpoche),也謹代表「木克坡」①家族,我很高興能夠幫這本《東方大日》撰寫前言。創巴仁波切的香巴拉名號是「木克坡的多傑札嘟」(Dorje Dradul of Mukpo),他實為香巴拉人的最佳典範。儘管他在西藏寺廟的嚴謹傳統中成長,心量卻相當寬廣。這使他能夠欣賞生命的根本神聖性,與來自不同傳統的人類一起生活。他不僅遵循了佛法的道路,也開拓了許多不同的生活層面,包括對視覺藝術、詩偈及其他種種藝術形式的興趣。甚而,他能夠超越自己的傳統、欣見香巴拉的準則將如何影響人類的生活,包括各種不同宗教背景、或是沒有特別宗教信仰的人在內。這正是他慈悲的展現。

　　若我先生仍在世,他過去所曾教導學生的開示,如今彙整成書而出版、並讓許多大眾閱讀,對他而言必然會是一件大事。我希望這些香巴拉的準則,對於走在各種不同人生道路上的人們都能有所助益。它能豐富他們的生活,並且給他們正確的見解。有些人可能早已身體力行著這些準則。這本書將幫助他們,使生活更有整體性與結構性。

　　在香巴拉的法教當中,時常談到東方大日。太陽恆常高升,代表人類隨時皆有潛能,發現自己的良善性與世界的神聖性。因此,我們

將這本書命名為《東方大日》。希望這本書可以幫助很多人，包括已經走在勇士之道上的人，進一步體會生命中的東方大日之觀。

創巴仁波切的一生，都依循這些準則來行事，也因而豐富了許多人的生活。我希望這些人都能對這些準則了然於心，以便也能充實他們所接觸到的人們之生活。或許你可以說，這是香巴拉傳統的菩薩作風。而這當然正是我先生一輩子所依循的方向。

戴安娜・茱蒂斯・木克坡（Diana Judith Mukpo）

一九九八年十月十七日

於美國羅德島州普羅威登斯

---

① 譯注：「木克坡」(Mukpo) 位於西藏東部，最靠近中國大陸的康（Kham）地區，是許多偉大上師的出生地，包括創巴仁波切、第十六世大寶法王、頂果欽哲仁波切，以及第二世欽哲仁波切等。請參見「編後記」的部分。

〔英文版編者序〕

基本良善之歌

本書乃是《香巴拉：勇士之聖道》（Shambhala : The Sacred Path of the Warrior）一書的續集與補充。《香巴拉》一書好比是香巴拉的指導手冊，或勇士之道的地圖導覽；《東方大日》則與傳承、力行及顯現有關。以此觀點來看，這本書說的並非**彼刻**，而是**此刻**。作者在書中試著想要直接表達及傳遞智慧。儘管這是相當困難的，卻顯現在作者簡單而明瞭的言語之中。

《東方大日》分為「導論」與五個部分，分別是「深奧」「光耀」「即是」「威力」與「全勝」。這五個部分與某種稱為「究竟阿謝」（absolute Ashé）的五種性質息息相關。雖然在作者的手稿中並未提到「阿謝」，不過讀者可以從作者所寫的筆注中發現（參見「作者筆注」的部分），而這份筆注乃是本書所記錄的開示課程之主要依據。在香巴拉的法教中，「阿謝」代表所有人類生命與活動的生命力，或基本能量之基礎與根源所在。讀者可以透過「香巴拉訓練課程」①來進一步了解「阿謝」。

儘管這本書的章節順序已經過仔細安排，但讀者也不一定要從前面讀到後面。開頭幾章需要較多的邏輯性思考；之後一些章節則較多情境氣氛、也較趣味輕鬆。從某方面來說，本書的結構彷彿是一朵綻放

的花兒。如果你從頭讀到尾，便像是從外圍花瓣循序進入內圈空心一般。不過，你也可以從中心或是任何一個部分開始。

在本書最後兩部分「威力」與「全勝」裡所談的主題，是以讀者在場的方式來呈現演說內容。這些章節或許可被視為禪修來練習。也許你可以用這種方式來讀，看看它對你是否合用。

創巴仁波切將香巴拉法教帶給西方世界之時，不僅描繪了新的領域，同時也採用了新的名字：「木克坡的多傑札嘟」。這也是他在《香巴拉》一書的前言中所簽署的名字。「木克坡」是他的族名；而「多傑札嘟」的意思則是「如鑽石般金剛不壞的勇士」。在這本書裡，經常使用這個名字來稱呼作者②。

無論您是新手上路的禪修者，或是從來沒有接觸過禪修的讀者，您都會發現這本書相當實用。我也希望對修持多年的禪修者，同樣能有助益。僅僅是閱讀本書，就能讓許多人感到心滿意足。也許某些人會認為書中所談的禪修，正是他們所想要依止的規範。各地都有許多佛法與禪修課程的合格上師與禪修中心③，提供給讀者參與，亦可參考《香巴拉》的「發現基本良善」一章，其中有實地禪修的相關細節。本書則是以多層次的角度，來呈現禪坐修持的相關細節。在許多章節中有不少針對實修的討論，不過並未特別提供相關的指示。

編輯本書時，我決定不要在一個名詞首次出現，便來一段深入而全面的講解，而是讓這個名詞的意義與概念，逐漸於書中開展出來。在「編後記」中，附有編者用以編纂本書的各種資料來源，以及如何安排書中主題而能幫助讀者領會的方式。我刻意讓一些名詞與主題不

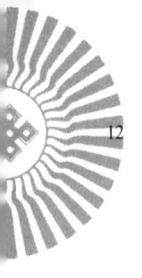

斷重覆出現，也認為這樣的方式，與作者原先呈現這些主題的用意是一貫的。正如那充滿神祕的「本初的那一點」，一而再、再而三地從書中忽然就跳出來一般，智慧即是這樣的恆久清新，從不重複而多餘。

我希望讀者可以因而開心地探索，書中一再出現的概念與主題。去想想這些東西，彷彿你是在試吃一打不同品牌的秋季蘋果那般。每當你咬了一口蘋果，你便體驗到蘋果共有的如一性，也同時品嚐到不同品牌的特有風味，無論它是「魏薩普」（Winesap）、「麥金塔」（McIntosh）、還是「金好味」（Golden Delicious）的蘋果。當然你也可以把這本書當作是單次釀造的上等威士忌、優良品種的綠茶、或是辣斃了的咖哩餐點，來品嚐或享用。每一次淺嚐、每一個咀嚼，都是相同的，然而也都是不同的。各種風味一直不斷地深入而融合。

音樂也有類似的特性。在許多的音樂型態當中，都有明顯的重覆性與變化性，從傳統的印尼「甘美朗」（gamelon）、日本的「雅樂」（gagaku）、蘇格蘭與布列頓岬（Cape Breton）的小提琴音樂，到現代爵士的複雜作品，都不例外。巴哈的賦格曲以及貝多芬的交響曲，也是無數次地再現它們的主題；歌曲本身也有合唱與重複的樂段，一再地迴響著同樣的旋律。

如果讀者能將這本書的各個章節當作是一系列的情歌，可能會真的很有幫助。在情歌裡很少會出現任何新的訊息，令人覺得有趣的部分，乃是在於它如何將人類最根本的情緒表達出來。創巴仁波切的一生，猶如一首獻予一切有情眾生的綿延情歌。能夠有幸來為其中幾段編曲，實為我的榮幸。

願您愉快地欣賞這些基本良善之歌。

凱洛琳・羅絲・吉米安
（Dorje Yutri, Carolyn Rose Gimian）
一九九八年六月二十七日
於加拿大諾華・司喀西亞半島海力費克斯

---

① 原注：有關「香巴拉訓練課程」的相關資訊，請看書後〈相關資源〉部分。至於「香巴拉訓練課程」的沿革、結構，以及與本書所談主題相關的部分，則參見〈編後記〉。
② 原注：在藏傳佛教的傳統中，上師與弟子經常會使用與所屬教派相關的姓名或頭銜。本書也依循這個方式。
③ 原注：有關禪修與香巴拉勇士訓練的課程，在世界各地的許多「香巴拉訓練中心」都會提供。包括北美洲、南美洲、歐洲、澳洲、非洲以及亞洲的一些國家在內。參見〈相關資源〉部分。

〔譯者序〕

大圓滿地圖

儘管這本書乃是前一本《香巴拉：勇士之聖道》的續集，然而它其實可以獨當一面；僅僅閱讀本書，便能讓讀者對生命有更深一層的體認、對人性有更多一些的欣賞。特別是當宗薩欽哲仁波切（Dzongsar Khyentse Rinpoche）看到這本書時，他說：「這是一本很重要的書！它裡面所談的，實際上就是大圓滿的頓法（妥嘎）法教。」

當然，誠如作者所強調的，讀者不必把它當作是一般佛教書籍來看，因為書中主題乃是各種宗教背景、甚至是沒有任何信仰的人，都需要了解、且有興趣知道的內容。而作者創巴仁波切一貫的直爽個性與開放作風，也使他成為一位極具影響力、而又頗具爭議性的藏傳佛教上師，相信各位讀者從他這本書的言談當中，能夠直接體會得到。

比如在某一首詩偈裡，他提到了「金剛僧眾的放屁」，這實在讓人難以翻譯得既信、又雅、而達，所以譯者還是照著意思直翻了。但是如果一個人連放的屁裡都有作者所提到的特質的話，那可見這位僧眾對這個特質是多麼地身體力行了。另外，作者在書中不只一次地拿「做那件愛做的事」來當比喻或對照，而為了保持作者的行事風格，因此譯者也直截了當地使用對等的字眼來表達。至於詩偈，當然更是本書最難翻譯的部分了，譯者只能盡己所能地不加上自己的詮釋；也因此

附上了原文（參見〈附錄〉），以方便讀者自行體會，並欣賞作者獨特的文學素養。

一九八九年六月的某日午後，當欽哲依喜仁波切（Khyentse Yeshi Rinpoche）要求對佛法一竅不通的某位弟子承擔翻譯的時候，他交代這位弟子要讀的三本原文書籍中，第一本就是創巴仁波切的《突破修道上的唯物》（*Cutting Through Spiritual Materialism*）。從那時開始，譯者對創巴仁波切的書就愛不釋手，這次能有機會翻譯他的開示內容，便覺得十分榮幸、也非常戰戰兢兢；深怕在翻譯之間失去了仁波切的原意，便對不起讀者了。謹在此感謝所有上師的加持與督促，以及協助完成中譯本的朋友，包括 Ani Tenzin Lhamo、Anika Tokarchuk、我的基督徒老室友張新儀、家人的了解與支持，還有那因我忙於翻譯而疏於照顧的女兒。

在將近半年的翻譯過程中，台灣經歷了三次颱風的肆虐、美國遭受到恐怖份子的攻擊、全球擔憂著世紀戰爭的到來，此時人類的心靈是多麼地渴求「東方大日」的溫暖與光耀；而這些事件都能讓人更深刻地體驗到自身隱含的貪愛、憤怒、愚癡；但更重要的是，這些同時也能使人更深入地接觸到作者所說的人類基本良善。希望諸位讀者皆能發掘內在天地相和的勇士精神，生起樂意幫助他人的弘願誓約，共同努力創造當下的覺悟社會！

最後，謹以寂天菩薩在《入菩薩行論》第三品「發願」中的詩偈來做為迴向：

輕蔑我者、惡待我者，甚或責怪、毀謗我者，
願此等眾、盡皆成就、證悟福德！
願我護祐、無護祐者，願我指引、修行旅者。
欲渡河者、願為其舟、其筏、其橋。
何人渴望著陸、願我為其小島；
何人祈求光明、願我為其燈火。
何人必須休憩、願我當其寢床；
何人需要僕役、願我當其奴隸。
願我為那如意寶、富裕充足一寶瓶，
利益他人之言語、治癒病痛之靈藥；
願我是那奇妙樹，滿足眾願之母牛。
猶如大地與元素、等同虛空遍常在，
願為無量有情眾、恆為地基與物資。

楊書婷
二〇〇一年冬日
若有指教，來信請寄：y2168g@ms6.hinet.net

導論
王國、蟲繭、東方大日

「香巴拉訓練」（the Shambhala training）的目標乃是要發展良善與真誠，以便能幫助自己，並且生起慈善之心，不再將自己包裹於作繭自縛的睡袋中。我們對自己負責，並且對能夠有所擔當而感到高興。我們也很感激，能夠身為人類，可以真正幫助他人。也該是我們做些事來幫助這個世界的時候了。此時、此刻，正是將這種訓練介紹給大家的好時機。

為了求生存，更受困於生活的種種所需，我們滿腦子想的都是有關存在、生活與工作。這個世紀以來，甚至幾千年來，人們一直試著解決種種生活的難題。事實上，不斷有偉大的預言家、老師、大師、上師、瑜伽士及各種聖人等，試著要解決生活的問題。他們的訊息也一直非常明確：「試著做好人。對自己、鄰居、父母、親戚、配偶，以及全世界，都要和善對待。如果你對別人好，就能解除他們的焦慮。你就會有很棒的鄰居、很棒的親戚、很棒的妻子、很棒的丈夫以及很棒的世界。」這類的訊息早已被說過千百次了。許多神聖的著作，包括古時傳統的《道德經》《吠陀經》、佛教經典、佛教密續、佛教論著①等──所有的神聖典籍，都豐富了我們的生活。現今的圖書館與書店裡，也都充滿著這類想要打動我們的書籍。人們努力地想要幫助他人，連旅館房間內都放了《基甸聖經》（Gideon Bible）②。

上述的許多老師與聖人都屬於「有神論」。也就是說，他們有些是一神論者，尊崇著唯一的上帝；有些則來自不同的多神教派，傳遞著他們的神聖訊息。另一方面，佛教卻是「無神論」，並不談論拜神、也不

認為這個世界是誰創造出來的。根據佛法的教義，並無所謂「偉大的造物者」創造了世界。這個世界純粹只是透過我們的存在而產生或形成。我們存在；因此，創造了我們所在的世界。另外還有一些完全不同思想的派別，依據科學的發現，認為一切皆是進化的過程。例如，達爾文就解釋了人類如何從猴子或魚類而進化出現的理論。

在這之中，許多對於存在起源的想法是互相衝突的。但是，無論是根據有神論、無神論或是科學的角度，我們所在的這個世界──已然產生、也是我們所擁有的，就在此處。對於神學家或科學家來說，去弄清楚我們為何在此處、或是如何來到這裡，可能是非常重要的事情。然而從香巴拉願景（Shambhala vision）的觀點來看，主要的考量並不在於**為何我在此**或**為何你在此**。為何你剛好會有白襯衫、紅襯衫，或是長頭髮、短頭髮，這並不是問題所在。真正的問題在於，既然我們已經來到了這裡，接著要如何生活下去呢？我們或許會、也不一定能活很長的時間。無常永遠都在。就在此時，你也有可能活不下去了。當你走出目前所在的房間時，說不定會發生什麼事。或許得面對死亡。是生、是死，有太多的可能性。或許要面對身體問題、各種病痛，或許受到癌症所苦。無論如何，你都得繼續活下去。

「香巴拉法教」（Shambhala teachings）的基本重點就是要我們領悟，並無所謂外在的救援，能讓我們無須面對生命的恐懼與驚嚇。最厲害的醫生、最有效的藥品與最尖端的科技，都無法讓人不死。最棒的顧問專家、最好的銀行借貸與最佳的保險政策，也無法救你。到了最後，你必須領會到，你自己必須要做些什麼，而非寄望於科技、財

援、自己的聰明，或是各種自以為是的期望——這些無一能救你。這看起來好像是黑色的眞理（black truth）③，但卻是眞實的，在佛教傳統中，通常稱之為「金剛諦」（the vajra truth）或是「不壞諦」（the diamond truth），也就是你無法避除或摧毀的眞諦。我們都必須面對生活，無論老少或貧富。不管發生什麼事，完全無法逃離於生活之外。我們必須面對最終的眞理——它甚至不是最終的，而是生命眞實的眞諦。那就是，我們在這裡；因此，必須學著如何繼續生活下去。

這個眞諦即是我們所稱的「香巴拉智慧」（the wisdom of Shambhala），這種智慧能被引介至北美的文化中，是歷史上的一件大事。然而，我的目的並不是要你們信仰我接下來所要說的。而是，當你懂得愈多，就愈會領悟到自己的責任。因此，我是同時以鼓吹者的角度及被鼓吹的內容來說的。也就是說，不要去看這鼓吹者怎麼說，重要的是要來聽這首樂曲的本身是什麼。

香巴拉王國

根據傳說，香巴拉王國是中亞的一個王國，在那裡，這類智慧曾被普遍傳授，因此造就了一個卓越的社會。在那個社會中，子民的所作所為都是為了降低焦慮。實質上，焦慮來自於不去面對自己當時所在的情況。而香巴拉王國與她的子民，則有能力來面對他們的實際情況。究竟香巴拉王國是杜撰、還是眞實存在的王國——就看你有多相信亞特蘭堤斯（Atlantis，失落的大地）或是天堂存在的程度。曾有人

說，這個王國不僅科技進步，人民知識也極佳。靈性的追求就在世俗的事務中，日常生活的種種情況皆能被適當地處理。生命並不是爲了崇拜本尊、或是激進的宗教修練等。香巴拉的奇妙世界乃是立基於實際地對待你的生活、身體、食物、家事、婚姻、呼吸、環境與情境。

依照上述的傳說，香巴拉法教具體表現了這個古中亞王國的精神。如果我們繼續深究，可以發現，這種清明的國度能夠出現，乃是因爲我們與自己的智性相連。因此，香巴拉王國此時此刻就存在於我們自己的心中。我們都是香巴拉的子民，也都是香巴拉王國的一份子。我們並非硬要將傳說帶入現實中，我甚至爲此寫了《自由的迷思》（The Myth of Freedom）④，身爲人類，我們的確擁有各種感覺器官：能看、能聽、能感覺、也能思考。因此，我們就能夠做些事，讓香巴拉王國再次出現。

這一次，它並不一定會是個中亞的王國。我們並非要到中亞那裡挖掘墳墓、廢墟，以便尋找香巴拉曾經存在的蛛絲馬跡，也不是要進行一場考古調查。但從另一方面來看，或許也可以說是一場考古調查吧，也就是要來挖掘自己的心與生活，因爲它們已經被層層的塵土所掩蓋而埋藏。我們必須重新發掘生活中的某些事情。這有可能嗎？這是很有可能、極有可能的。而我們該如何來做呢？

從哇哇落地的那一天開始，我們從未真正地看看自身、自己的生活，以及生活中的經驗。我們從不真的認爲自己能創造一個良善而正直的世界。當然，你也許早已嘗試過各種事情了。你或許曾爲了人類的福祉而在大街上遊行，也曾抱怨過現存的政治制度，可能還曾撰文

讚揚新的觀念與宣言來預防種種痛苦與迷惑。你或許有些英勇精神，而且你也可以說你已經盡力了。然而不管如何，你曾經找到任何真正的和平或安詳嗎？真實有尊嚴的世界還未成形。

通常，我們都是那麼地易怒而憤慨，並且有怒氣而就會抱怨。我們想要長髮時，就不想要短髮。不想要長髮時，就剪短髮。我們想穿牛仔褲與短襯衫時，就不要大衣與領帶。不想要這個，就要那個。想要那個，就不要這個。我們希望能用某些簡單的方法，就能得到人類社會的自由與遠見。不想要吃花生醬，我們就試著吃糙米。不要那個時，我們就試這個；不要這個時，我們就試那個。那個、這個、這個、那個。我們已經嘗試過如此多的事情了。尤其是在美國，人們花了如此大的努力來重建一個良善的世界。我很激賞那樣的正直，是這麼地寬容，而以某種觀點來看，還滿良善的。

然而，「香巴拉訓練」的原則就是，不要將力氣用來除去問題本身，而是應該用於重建或紮根正向的事物。重點就在於你不需要多次沐浴來除去灰塵。真正的問題在於，洗澡完後你要穿什麼衣服、灑什麼香水，以及如何裝扮自己。洗一次澡也就夠了；你就會乾淨了。如果你接著又繼續洗很多次澡，你將會變得太清潔、太乾淨了。當然，灰塵的確是不見了，但是之後又如何呢？一點也不溫暖、沒有尊嚴。難道我們就不能多做些事情，將真實與良善帶給這個社會嗎？

蟲繭

「香巴拉訓練」的重點就在於離開自己的蟲繭,那正是我們用以包裹自身害羞與憤怒的東西。當我們的侵犯性較強時,就覺得比較堅強。我們也覺得這樣不錯,因為這樣就會有更多話題。我們認為自己是所有抱怨的最佳作者,寫詩來抱怨,盡情表達自己的抱怨。除了不斷抱怨之外,難道我們就不能做些好事來幫助這個世界嗎?當我們抱怨得愈多,地球就會被鋪上更多水泥板。如果抱怨能減少,這塊大地才比較有可能被耕耘與播種。我們應該認為自己有辦法為這個世界做些好事,而不是用我們的怒氣與抱怨掩蓋整個地球。

「香巴拉訓練」的方向是要去做一些具體、基本而明確的事,且要從頭做起。以香巴拉的傳統來說,我們稱之為勇士。在此我要說明清楚,這裡所說的勇士並不是從事戰爭的那種戰士(warrior)⑤。香巴拉的勇士乃是擁有足夠勇氣,不屈服於社會現存的侵犯性與衝突性之人。在藏文中,勇士的藏音是「帕渥」(pawo),指的是一個勇敢而真誠的人,並且能夠離開那個讓人十分安逸、想要就此睡去的蟲繭。

當你還在自己的蟲繭裡時,你會不時地大喊著你的抱怨,像是:「通通走開!」「滾蛋!」「我要做我自己」等。你的蟲繭是由無數的攻擊性所製造而成的,而這些又來自你跟自己的環境、雙親的撫養、教育的背景、養育你的種種所抗爭的結果。你其實並不需要與你的蟲繭相爭。你可以就把頭抬高一些、從你的蟲繭裡探一點兒頭出來偷看一下。有時候,當你探出頭來時,或許會發現外面的空氣有點太新鮮、

太清涼了。但是，那感覺還是蠻好的。那就是春天或秋天裡最好的新鮮空氣，也可能是冬天或夏天裡最好的新鮮空氣。因此，當你第一次把頸子伸直來看蟲繭外的世界時，儘管環境有些不是那麼舒服，你還是會喜歡的。你發現那是令人欣喜的。接著，既然已經探個頭出來了，你就會變得夠勇敢而爬出你的蟲繭了。你坐在自己的蟲繭上面並且看看四周的世界。你會伸展雙臂，並且開展頭胸。周遭環境是友善的。它是我們所稱的「地球」，或是「波士頓」「紐約市」⑥。這就是你的世界。

你的頸子與臀部也不是那麼僵硬了，因此你可以轉個身、四處看看。周遭看起來並沒像你所想的那麼糟糕。儘管此時你仍然坐在自己的蟲繭上，這會兒你又再提高點兒自己的身子。接著你稍微跪了一下，之後你終於站在自己的蟲繭上了。當你看看四周，你就會發現那個蟲繭已經沒什麼用處了。你並不需要去相信那些廣告商所說的邏輯，什麼如果你不放個絕緣體在家裡，就會死掉。你並不真的需要那個蟲繭絕緣體，那不過是你自己的集體妄想偏執症與迷惑，置於你身上的一個小模子，因為它們可不想與外在的世界有什麼關係。

隨後，你開始伸出一隻腳，遲疑地碰碰蟲繭周圍的地面。傳統上來說，都是右腳先伸出。你不確定要把那隻腳放在哪裡。你從未讓自己的腳底碰觸地球的土壤。當你第一次碰到地球時，你發覺它還滿粗糙的。它是由泥土與灰塵所形成的。但是，你很快就會發掘可以讓你在地球上行走的知識，因此開始認為這個過程應該是可行的。你領悟到，其實你生而具有這個家族的祖傳家寶，也就是「地球」。

你鬆了口氣也嘆了個氣，或許是個不長不短的嘆氣，接著伸出左腳，並且踏在蟲繭另一面的地上。當你第二次碰到地上時，你驚訝地發現，土地是慈善而溫和的，也不再那麼粗糙了。你開始感受到和平與溫情，以及柔軟。你甚至覺得你有可能會愛上地球。你**可以**談個戀愛。你感到了真正的熱情，而這是很好的。

在那時，你就決定要離開你那長久所愛的蟲繭了，並且完全不靠它而站起來。你以兩腳站立，並且到蟲繭外走走。每一步都是粗糙而柔軟：粗糙是由於探索對你來說仍是一種挑戰，柔軟則因為你並沒發現任何東西想把你殺掉或吃光。你並不需要自我防衛或是與不可預期的殺手或野獸互鬥。周遭的世界是多麼地良善與美好，因此你知道你可以抬頭挺胸地做個勇士，一個有力量的人。你開始認為這個世界是絕對可以做些什麼的，也不僅是可有所為，更是**美妙的**。令你驚訝的是，你看到周遭的許多人也開始離開他們的蟲繭了。到處都可以見到一群群的「前一宿繭者」（ex-cocooners）。

身為「前一宿繭者」，我們仍可以是有尊嚴而美好的人。我們根本不需要拒絕任何事情。當走出蟲繭時，便發現良善與感恩時時刻刻都會生起於心。當我們站在土地上，便發現這個世界並不那麼地陰沉。另一方面，又亟需投入龐大的心力來愛護它。當我們最後終於離開自己的蟲繭、起身並到處走動時，我們看到數千百計的人們仍在蟲繭中喘息著。因此，我們感觸良多，並且悲傷、極度地悲傷。

在字典的定義中，**悲傷**（sadness）有著負面的含意。如果你覺得悲傷，也會覺得不舒服或不好；或是你之所以悲傷，乃是因為你的錢不夠

用或是沒有什麼擔保。但是以香巴拉的觀點來看，悲傷也可以啟發人心。你覺得悲傷而內心空虛，但是同時感受到某種正向的東西，因為悲傷本身意謂著對他人的欣賞。你想告訴那些仍然卡在蟲繭裡的人說，如果他們能離開自己的蟲繭，他們也會感受到那種真正的悲傷。那種內心空虛感（empty-heartedness）正是這種心碎勇士（broken-hearted）的準則。身為「前一宿繭者」，你覺得終於能爬出蟲繭，真是件美好的事情。你希望能夠告訴那些「宿繭者」有關東方大日（Great Eastern Sun）勇士的故事以及香巴拉王國的故事。所有的勇士都曾經歷過離開蟲繭的過程，你希望能讓這些「宿繭者」知道這點。你想說的是，他們並不孤獨。曾經有數千百計的人都已經完成了這個旅程。

　　一旦你生起這種悲傷，同時也會生起一種尊嚴或是正向的自傲，這與一般負面的傲慢差異極大。你可以尊貴地告知這個衰敗的世界，用沉睡繭中的方式來逃避死亡並不是辦法。這個衰敗的世界，人們以沉睡繭中的方式來逃避死亡之苦，我們稱之為落日的世界（the setting-sun world）。在這之中，人們把落日當作一種平靜夜晚將臨的徵兆。但這即將來臨的夜晚，卻絕對不會是和平的：它總是那麼地漆黑。而那些離開蟲繭的人被稱為東方大日之人，他們眼明而不盲，不會羞於抬頭挺胸並走出蟲繭。這類人開始呼吸到早晨的清新空氣。他們感受到光耀，如此不斷而美麗。

　　在香巴拉訓練中的禪坐修持裡，我們十分強調良好姿勢的重要性。姿勢是很重要的，不僅是在禪坐修持中才如此，而是你所做的每件事皆然。無論你是跟客戶對話，或是與配偶聊天，還是跟自己的寵

物說話，抑或自言自語──有時會是這樣的──頭正肩直的良好姿勢，表示你已經踏出蟲繭了。人們在淋浴時會唱歌的原因之一，就是沖下的水柱會促使你站直並且抬頭挺胸。你開始覺得清爽，所以你會開始唱歌或哼歌。這並不是一種迷思，這是真的。當水落在你的肩上、頭上、臉上時，你會有一種與天堂相會的感覺。

幫助他人

香巴拉訓練的目的在於生起柔和與真誠，以便我們能幫助自己並於心中生起溫情。我們不再用蟲繭的睡袋來綑綁自己，而開始覺得應該自我擔當，也很高興負起責任。我們同時感謝能夠身為人類、而能真正為他人做些什麼。此刻正是我們該來幫助這個世界的時候，也正是恰當的時機將這個訓練介紹給各位。

對於自我的執著顯現於「我是」（I am）的字眼中。接著就會出現這些結論：「我是快樂的」或「我是傷心的」。第一念頭「我」的出現，帶動了第二念頭「是」的出現，第三念頭就是結論，「我是快樂的」「我是傷心的」「我覺得很慘」「我覺得很棒」等種種念頭，都有可能出現。香巴拉認為有所擔當就是要捨棄「是」。只要說「我高興」「我難過」就好了。我知道這可能會有些語言學上的問題，但希望大家可以了解我所說的含意。重點在於要對他人負責，而沒有自我確認（self-confirmation）。

稍微換個方式來說好了，假設你的名字是珊蒂。有「珊蒂」、也有

「世界」。你並不需要在兩者之間放個動詞來做確認。只要善待他人就對了。珊蒂應該要真誠待人。當她言行**真實**時,她就可以在許多方面幫助他人。珊蒂或許沒有接受過任何的急救訓練,但是她可以用繃帶包住某人的手指。珊蒂不再怕去幫助他人,她非常善良也隨時樂於助人。當你開始去幫助他人時,你就抬起了頭、挺起了胸,也同時走出了你的蟲繭。香巴拉訓練的重點就在於不要製造虛假的人,重要的是成為能夠幫助他人的真實的人。

躲在蟲繭裡簡直就像一個蜷伏在子宮裡的嬰孩,特別是一個不想出來的孩子。即使當你出生了,你也不喜歡接受大小便的訓練。你還比較想要留在你的小睡衣、小尿布裡。你希望你的屁股隨時都被包得好好的。但是總有一天,你的尿布會被拿開。你沒有別的選擇。你被生出來了、也被訓練如何上廁所了;你不能老是待在你的尿布裡。事實上,當你的小屁屁沒尿布可包時,你或許還會覺得挺自在的。你可以十分隨意地到處走動。到最後你或許還覺得,能逃出這種父母管教與家庭生活所搞出來的虐待暴政,是挺好的。

到這時,我們仍然不是**真的**想要對自己的行為有所規範,便開始製造我們的小蟲繭,以各種事物將自己綑綁起來。當我們在蟲繭裡時,就不想正襟危坐地注重餐桌禮儀,也根本不想穿得多端莊,更不會去理睬任何要求,即使只是三分鐘不講話的規範也不行。這有部分原因是,在北美洲長大的小孩,所有的東西都是用來娛樂他們的,娛樂甚至成為教育的基礎。如果你能在蟲繭之外養育自己的小孩,將會養育出許多的菩薩種,這些孩子能真實待人、面對事實、也能實際而適當

地對應真實的情況。我就是這樣對待自己的小孩,而且看來還滿管用的。

身為正直的人類,我們要面對適時的真相。不管我們是否身處暴風雪或暴風雨中,還是家裡有所衝突混亂,無論是什麼問題,我們都願意來解決。去調查這些事件的內容,不再被當成要與人爭論,反而是我們的責任之一。儘管不斷地有人提倡要幫助他人,但我們其實並不相信能夠做到。我所聽到的傳統美式說法就是,我們可不想弄髒了手指頭兒⑦。簡言之,這就是為何我們想留在蟲繭裡的原因:我們不想弄髒手指頭兒。但是我們必須為這個世界做些什麼,讓它能發展成一個無侵犯的社會,而人們在其中也能自我覺醒。幫助他人就是最大的挑戰之一。

謝謝各位追根究柢的精神、大家的幽默感,以及諸位的輕鬆態度。麻煩試著讓自己言行優雅並且走出你的蟲繭。重點就在於你的內在要變得非常真誠。這個意思是,如果可能的話,就不要再讓自己受制於這個虛造的世界了。也請不要去傷害他人。如果這點你還做不到,起碼要對自己好一些、別再以沉睡蟲繭中的方式來處罰自己了。最後,請試著配合他人並樂意幫忙,有無以計數的人都需要幫助。為了良善、為了這塊天地,**請試著去幫幫他們。**不要光是一個接一個地蒐集東方的智慧。也不要就坐在空無一物的蒲團上,那只是個空無一物的打禪坐墊。如果可以的話,應該踏出你的世界,並試著幫助他人。這就是重點所在。

我們必須做些什麼,我們**真**的得做些什麼。就像我們在報紙與電視

上看到的那樣,這個世界正在變質,每小時、每分鐘,事情一個接一個地發生,而沒有誰能做多少改善。你不一定要幫什麼大忙。剛開始只要同時幫助朋友和自己就好了。是我們該為世界負起擔當的時候了。我們的努力將會有所回報的。

---

① 譯注:經典(sutra)為佛陀講述之記錄;密續(tantra)則為佛陀究竟法身相所傳授之佛教密續典籍;論著(shastra)所指為學者對於佛經之義理注釋。
② 譯注:「基甸聖經」乃起源於人名,並特指基督教保守勢力中的一派所詮釋而發行的聖經,該派發誓要在全世界所有的旅館房間裡、都放上一本他們的聖經。而於基督教的記載中,基甸曾要求上帝作不可能的事,如使一片羊毛濕、但環繞羊毛的草地要是乾的;或者反過來,都得到應允。
③ 譯注:意思是「不怎麼美好、讓人不想接受的事實」。
④ 譯注:《自由的迷思》一書英文原版由香巴拉出版社於一九七六年發行。譯注:台灣已有中譯本上市,由眾生出版社所發行。
⑤ 譯注:作者在此說明了warrior這個用語的意義,因此本書將之譯為「勇士」,而非「戰士」或是「武士」。
⑥ 譯注:這兒咱們該說是「台灣」吧!
⑦ 譯注:這句話用中文來說應該是「惹了一身腥」,不過為了配合作者以下的用語,還是直譯了。

第一部

深奥

本初的那一筆

第一章　廣闊虛空中的一點

　　這裡的主題是信任。開宗明義來說，信任就是毫不懷疑。這是字典中對信任的觀點。當你信任某人時，你一點兒也不會懷疑他們。奇怪的是，這種毫不懷疑的信任是沒有來由的，但也不是一種神祕的經驗。當你毫無疑問地信任時，你還剩下什麼呢？當無所懷疑時，你究竟在信任些什麼？你就抓準這個主題。毫無疑問地信任。

　　我們都值得活在這個世界上。「香巴拉旅途」（the Shambhala journey）① 是一個學著去欣賞與了解這種價值的過程。這個訓練的基礎在於自我提振與自我教化的守則，某種程度來說，這也算是對佛陀教誨的一種省思。佛教提供我們一種對應自身的觀點：包括身、語、意，以及生活整體。而同樣地，香巴拉訓練也是對我們所知的這個落日世界，到處都有的種種痛苦、悲慘、害怕與恐懼之一種回應方式：這個世界乃立基於對死亡、自身及他人的恐懼，也因而隨處都有各種警告。

以東方大日觀為行事依歸

　　事實上，我們根本不知道該如何在現今的社會中生活。我們如何

能做個正直、有尊嚴、覺醒的人呢？我們在社會上要如何言行合宜，才不會絆倒他人或自己？我們要如何對自己的小孩、對自己的先生或太太好一點？怎樣與生意伙伴、老闆、或是受我們雇用的人相處好些？對這些問題，香巴拉勇士的觀點就非常實際，它是要我們學習如何以「東方大日觀」(the Great Eastern Sun vision) 做為日常行事的依歸。東方大日觀亦即要我們恆常向前看，不斷展望前途。基本上來說，不往前走是不可能的。

我們隨時都在變老──或說變得更年輕，你不可能叫死亡不要出現。除此之外，你每天都在學習一些新的事物。這點你是不能否認的。或許你每天也沒什麼特別驚人的想法，也許沒辦法一日賺進十億美元──雖然這種事有時還是可能會發生！不管如何，總是會有某種向前看的想法。向前走當然沒什麼問題，但是向前走與莽撞地飆速是有差異的。當你向前走時，你會一步步地走。

不顧後果的意思就是，逼自己去做超過能力範圍的事，或是因為沒有耐性與感到恐懼就莽撞行事。這時你不會花點時間好好去準備一道餐點，反而是去吃那些垃圾速食，然後導致生病。你只是想到就做，就是去做而已。去反抗這個或那個，一點兒也沒有尊嚴。

有尊嚴的意義是，考慮到他人的狀況並且和善地對待自己與他人。有了這份柔和，你就不會顧前不顧後地光是向前走，就能避免各種意外。就拿騎馬當作類比吧。如果你有良好的坐墊、正確的姿勢、適當的駕馭方法，那麼當馬兒向前移動時，你和馬兒就會同步向前，馬兒也就絕對不會突然猛跳、把你摔得倒地。你的步調棒極了。走著

走著，一切都在掌握之中。你坐在馬鞍上就像是坐在國王的寶座上那般。你跟馬兒建立了良好的關係，你也騎得很好。

在香巴拉的世界裡，當心與身同步時，你絕不會去搞砸別人的事情。莽撞本身就是毀損別人與自己的心神狀態。以東方大日的觀點來看，這個結果是無庸置疑的。香巴拉訓練就是要我們學著和善地對待自己與他人，並且去了解何以這個方式比較**有用**。這個特別的訓練過程，就是教導我們成為十分正直的人，以便可以適切地處理家務事與感情生活。我們能夠讓身心同步協調，不再怨恨或憤怒，而是以寬廣的柔善好好對待自己。以這種方式，我們就是在恰當地慶賀生命。

香巴拉之道包括個別的訓練。你或許會說，這裡面沒什麼新玩意兒，而且你早就聽過這些東西了，這有可能是真的。這裡面的確沒什麼新鮮事兒，特別是沒什麼新伎倆。但重點在於**實踐**。這本身就是個新訊息了——那就有可能是新伎倆了。別人可能給了你一堆建議，想要幫你變得更好。他們老是說：「你現在怎麼樣啊？慢慢來。別擔心。船到橋頭自然直啦。」但是可沒人知道**要怎麼做**才會讓這些實現。你真的能慢慢來嗎？你真的一切都會沒事嗎？這個訓練所呈現的就是如何去做，以及事實的核心所在。當佛教式的基本禪坐修持，融合了我們對生活的欣賞態度，此時對待自己與他人之間就沒有任何差異了。

良善之點

這裡的主題是信任。開宗明義來說，信任的意思就是**毫不懷疑**。這是字典中對信任的觀點。當你信任某人時，你一點兒也不會懷疑他

們。奇怪的是，這種**毫不懷疑**的信任是沒有來由的，也不是一種神祕的經驗。當你毫無疑問地信任時，你還剩下什麼呢？當無所懷疑時，你究竟在信任些什麼？你就抓準這個主題。毫無疑問地信任。

當你懷疑某人或某件事情時，你就會去研究那個人或那個情況，接著你會跟自己說：「假設發生了這件事。接著可能會發生那件事。如果那件事發生了，接著就可能發生這件事。」你會想像各種可能的場景，建立自己的邏輯推論，接著你就想了個計畫，好讓自己遠離各種可能的危險——避除掉任何形式的信任。在我們的想法中，毫不懷疑地去信任，包括要完全放棄任何的危險警示系統。在香巴拉的意涵中，我們所談的是無條件地信任。首先，無條件地信任意指你自身的狀況是值得信任的。你就是現在的你，凱倫小姐就是個好凱倫小姐，喬治先生就是個好喬治先生，一位值得信賴的喬治先生。你信任自己的存在與所接受的訓練。你是值得被信賴的；因此，你可以與人共事。你根本不需要去汙染這個世界或是降服於任何讓人成癮的事物。

無條件地信任：我們能夠變得良好而慈善、柔和而慈愛，不管是對待自己或是他人。為什麼要這麼做呢？因為我們的心智狀態中有一道鴻溝。你或許是有史以來最殘酷又最卑鄙的人——是個有夠可怕的人——但你卻有辦法去談戀愛。這是有可能的——不只是有可能，甚至是本來就存在的**事實**。我們都有能力變得良善、慈愛與柔和。在英文裡，通常這些字眼——良善、慈愛與柔和——乃專指倫理道德或行為本身。但是在這裡，這些名詞所指的是我們基本的心智狀態。具備這種良善與柔和的心智狀態，我們就能夠談戀愛；我們可以是柔和的；我們

能夠與某人握手並說:「哈囉,你今天如何啊?」這種小小的能耐——真是有夠小的!但也表示我們具有某種東西。我們不完全是個怪物,偶爾也會微笑;我們看著某人,而且覺得很好。儘管這可能只持續一小段時間,但是這已經表示我們心裡有些什麼東西,如果可以繼續培養這種經驗,這種良善之點,就是這一點,我們就會發現自己擁有了廣闊虛空中的一點(dot)。

這一點並非由任何人製造出來的,也不是我們教育、養育或家庭關係及戀愛關係之一部分,更不是對美食或高尚服飾的熱愛之一部分。但這個特別而柔軟的一點,有著某種氣息,它就是虛空中的一點。這一點隨時都在;它是本初具足的,甚至不是我們**繼承**而來的。繼承意指某個東西代代相傳,但是在這裡,我們就是**擁有**它。這也是何以它被稱為本初具足、無條件具有的一點。這一點存在於**廣大的**虛空中。我們常以為這個天空很小,也認為這一點只不過是某種災難而已。我們覺得之所以擁有這個柔軟的一點,只是不小心而已。**它**不代表什麼。我們可以就把它掩蓋起來、根本忘了它就好。然而,虛空中的確有這麼好的一點,且這一點就是本初具足、無條件擁有的基本良善。

「願意」生起柔和

這一點同時也是基本良善的來源,亦即它的引信或起點。從這個本初具足的經驗中,我們開始去了解基本良善。事情的開始就是,只要有了這一點,它就是無條件擁有的。你也無法說它是好或是壞,它就是這樣。而從這個無條件良善的一點,就產生第二層次的基本良

善，也就是**願意**的心智狀態，隨時願意去做事情。一開始，你願意去承認基本的良善，而導致不願意的障礙就是懶惰與自私，它們會暫時遮掩了那一點。根本上來說，在那些障礙之下，「願意」是一直存在的。你願意犧牲自己、成就他人，有那麼一天，你或許會覺得超不自在的，然後你感覺到你的那一點。接著，說不定你最後就跑去跟某人說：「哈囉，你好嗎？」

那種「願意」幾乎是自動的，並非你得去搖晃才能開動，它是一種隨時都會出現的基本人性本能。精神官能症的習氣也不能真的阻擋它。習慣性的神經質型態就是要有所保留、焦急、維持自己的「小東西」。然而，這種精神官能症根本無法影響多大，因為願意乃是一種自然的反射行為。半夜裡你開車跟朋友在一起，而你往窗外一看，剛好看到一顆流星。你想到你的朋友還沒看到，所以你想也不想、毫不猶豫地就說：「你看到**那個**了嗎？」「願意」與那一點就在那個當下同時出現了。那一點就是個啟發，它提供了一種連結、一種靈感，讓人感覺到自己的根本良善。哇嗚！你覺得你就是你。因此，你可以像對待自己那般地對待他人。這一點就是初念。總是還有個第零號，那就是這一點。沒有了它，後面那些數字都不可能出現了。所以，它就是「開始的開始」。

當你有了小孩以後，你必須將自己視為母親或父親，並且認同自己的親職角色。你就是你，你也是真正的父母、好的父母，如此你就能與孩子建立良好關係。這是非常根本的，植物、樹木與蔬菜也是這麼對待我們的。首先它們會茁壯，接著就長出果實或是提供自身以便

讓人食用。於是我們拿來烹調，並且用它們做出一頓好餐點。不過，人類通常是比較不那麼可靠的：我們還沒能夠眞的全力以赴。其實，我們是可以變得比較像植物那樣的。首先，就是去做──做一個人──然後再去對應他人。如此，我們就能去服務他人，並且改善他人的問題。這種想要分享、願意與人共事的態度是一直存在的。

　　當你願意去面對情況，就有許多空間可以充分而完整地表達自身。當你領會到自己並不是那麼地心凍如冰或全然地麻木不仁的時候，你就會變得比較柔軟、更有感受、也比較柔和。因此，當你體驗過那「一點」與「願意」之後，柔和就會生起。柔和的反面就是懷疑而且缺少幽默。懷疑可以有各種形式。其中之一就是害怕自己向前走得太多、可能會傷害到自己。這就是東方大日準則中所認爲的懷疑，以爲如果自己向前走，可能會受傷；另外一種懷疑的形式，就是覺得自己根本完全誤了自己的生活，你老覺得自己常犯某種一般性的錯誤，而覺得困惑且無望。夜深人靜時，若你失眠了，你不很確定太陽何時會升起。你的時鐘就像是橡膠做的那般：時間愈拉愈長，晨曦總不出現。懷疑可以有許多不同的層次，但是它們的共同顯現，就是一張沒有微笑的臭臉。

　　遠離懷疑就是要與幽默、喜悅及慶賀相連。你信任現在的狀況；因此，你有辦法微笑。你不必再自我抑制或神經緊張。這麼一來，信任就帶來了柔和、無疑與輕鬆。你體驗到了廣闊的虛空。

盡你所能處於當下

　　這全部都隸屬於那個根本或較大的信任觀點。我們所說的並不是一種對於這或那的小小信任，而是一種廣大的信任。在此順帶一提，我也來談談在禪修中對自己的信任。禪修戒律的設定就是要讓大家都能成為好人，每個人都應該莊嚴地存在著。當你坐在蒲團上時，可別猶豫：試著像帝王那般莊嚴。讓你的身心同步，並且試著保持良好的姿勢。在禪修中，你應該讓一切都保持在最單純的狀態下。單純而直接地面對所有的事，保持良好的姿勢，隨順自己的呼吸，然後投射自己的心。跟你的呼吸共同相處，單純而平凡地隨順自己的呼吸，接著再將你那些散漫無序的念頭放入修持當中，不斷地重返數息。同時，試著去掌控自己。盡你所能地處於當下──就在此時此刻。禪坐修持並不那麼艱難，只要試著去對應那種大地感（earthiness）與平凡感（ordinariness）就可以了。

　　我們在此所說的不光是成就證悟，還包括如何成為良善的人類與良好的市民。良善來自於自己的心，而心與身是相關的，身又關係到你的循環、呼吸、姿勢與溫度。試著把這些都連在一起，試著去做個十分良好而實在的禪坐修持，盡可能地處於當下。呼氣時就融入，再呼一個氣。有了頭正肩直的姿勢，胸部跟著擴張，你就像勇士般坐著。個人尊嚴感也於焉而生。

　　若是你對自己在禪坐裡、到底做得對不對有任何懷疑，其實並沒有多大的影響。重點就是要對自己誠實。只要你認為怎麼做最好，就那麼去做。這就是所謂的自我真諦。只要自己領悟了真諦，不管是在

業力還是其他方面，你就不可能會受到迫害。你已經盡力了，怎麼可能會有錯呢？高興點兒並且好好享受吧。無論你喜不喜歡都一樣，你早就具備了那一點，所以你注定會是好的。這正是拯救我們的恩典。

〈詩偈之一〉

珍珠街一千一百一十一號②：出軌③

清新氣息中，一點忽出現。
熱情所著染，點呈珠紅色，略帶鬱粉色。
多麼美妙啊，身處無存界：
當你融入時，點隨你而融；
當你開展時，清空隨你展。
讓我們融入，熱情世界中，（此乃）神學家所懼、立法者所怕。
摘呀摘呀摘，摘下野花朵。
無關性高潮，僅是純姿態，
以便來領會，清新山中氣，所含野花真。
來吧 D. I. R.，請加入我們。
清新無威脅、亦非是負擔；
此乃姿態中，最為熱情者──
城市竟可以，融入對野花其野性之愛。
無所謂責任、犧牲或陷阱；

世界充滿了（值得）信任的寬廣。
讓我們慶賀，（在此）清涼喜悅中
綠松石般藍
清晨的朝露
陽光般笑靨
潮濕的住所：
愛的影像是如此地幸福而燦爛。

---

① 譯注：作者以「旅途」來形容修行的道路。
② 譯注：「珍珠街一千一百一十一號」乃是仁波切所成立的第一個香巴拉訓練之家所在處，位於美國科羅拉多州的博得市（Boulder），之後才遷往加拿大。這個數字恰巧與藏傳佛教著名的「四加行」中——每項修持（皈依發心、發露懺悔、福德供養、上師相應，依各派而略有不同）所要達成的十一萬一千一百一十一次之尾數相同。
③ 譯注：「出軌」（Off Beat）在音樂上的原意乃是超乎原先所預設的節奏或模式，在此則特指「垮掉的一代」（the Beat generation）所用以表達的藝術方式；那時，於二次世界大戰之後長大成人的年輕男女，開始質疑戰後逐漸興起的保守勢力和資本主義價值觀，並且拒絕落入機械化和消費性的生活模式，急切追求政治、精神及性愛上的全面自由，可說是嬉皮運動的前身，只是在形式上較為複雜與精細。博得市剛好是這個藝術運動的重鎮之一，也是作者在之後章節中所提到的人物金斯堡（Allen Ginsberg）之家，他不僅是當時著名的詩人，也幫助仁波切成立了「那洛巴佛學院」（在〈編後記〉中，對於該學院有進一步的介紹）。

第二章　面對清晨憂鬱症

依照香巴拉的傳統，在了解懼怕為何物之後，就會生起無畏。相同地，當你出現了清晨憂鬱症，還是有可能讓自己高興些。這種情況算是真實且滿好處理的。從這種清晨的憂鬱症以及它所帶來的恐懼感，我們就能夠踏入基本良善的殿堂。我們學著去拒絕清晨憂鬱症所造成的恐懼感，並走入清晨的基本良善中，就是這麼準準的。

香巴拉訓練的整個過程是與如何**顯現**（manifest）有關，以便人們可以毫不迷惑地行事。我們必須從起點開始，或說從頭開始、還是說從基礎開始都可以。我們邀請您的加入。俗話說得好，「孝悌為仁愛之本。」就從自己的家庭做起吧。

許多國際間的問題都已發生，整個世界也隨時隨地都看得到混亂的出現——這顯然與一個覺悟社會所顯現的狀態相距頗大。過去以來，許多不同的教條或信仰——例如基督教、猶太教、印度教、回教與佛教——都頗具聲望。古時也曾經有一些極為睿智的人們，致力於改善世界、並且將他們的智慧代代相傳下來。然而，後來卻出現了墮落的問題。這個世界已經被生理上及心理上的唯物主義所誘使，更別說也被精神上的唯物主義所影響了！這個世界開始變得酸臭。此時我們所能

做的或許很少，不過仍然要試著讓世界香甜起來。長久來看，我們想要提供的是某種超越表徵而具有真義的東西。我們希望真能致力實現一個覺悟的社會。那就要從這裡做起。

基本良善的喜悅與柔和的那一筆

本初的那一點是一直都在的──甚至在我們開始思考之前，良善的火花早就存在了。我們也值得擁有它。每個人都無條件地具足那種歡欣的可能性，而它並不只是與痛苦或與愉悅相連。我們有一種傾向：會在一秒之瞬間，想到我們應該要做些什麼。這並不是你所受教育的產物；無關科學、亦非邏輯；你就是剛好挑中那個訊息。接著你就有所行動，就照著去做。人類所具有這種豁然開朗的基本特質，是我們本能中最好的部分。你立刻就知道該做些什麼，就在那個當下──這真是太神奇了。這就是我們所說的那一點，或是基本的良善與無條件的本能。當你能夠直覺到這種真正的本能，你會不假思索：只是感覺，在那當下。

所謂基本的信任，就是領悟到我們具有這種基本良善之火花。儘管你可能已經糟透了、沒有更慘的了，這種良善仍然是存在的。

從信任到捨離。傳統上來說，捨離這個名詞的意思是要去拒絕或放棄某種東西。但是在香巴拉的字彙中，捨離（renunciation）①所指的並不是要去放棄像是菸、酒或性等的東西。在這裡所說的捨離是與**了知**（Knowing）有關──或是一般所說的辨別，而**辨別**（Discrimination）這個名詞在字典中或許意指丟棄某種壞的東西而選擇某種好的東西。不

過,在香巴拉的世界裡,辨別的意義是清楚的知道或思考。它的要素就在於精確,我們拒絕任何不精確的東西。當我們提到香巴拉的生活方式、或是如何讓身心同步共處,主要談的是關於如何**活在當下**,如何達到精確。經由戒律與訓練,心與身就能夠受到良好的訓練。所謂捨離,並不是要你發展一種自以為「高人一等」的作風、而來批判或拒絕那些未曾修持的人。我們的傲氣僅只於對待自己的生活、自己的體驗、自己的那點火花、光耀,與我們的勇士精神。而入門之道就是對於基本良善的喜悅。

在體驗了那最初的一點之後,接下來的會是什麼呢?接著而來的就是對於那最初的善念生起了欣賞之情,而這個念頭被稱為一筆畫。從第一點開始而出現的那一筆,也就是當你真的拿枝筆、沾了墨而接觸紙張的那個時候。首先,你雙膝著地在鋪好的畫布或紙張上,接著你開始了第一筆,不管是書法或是油畫。那良善的一筆就關係到第二個念頭。從初念開始,也就是那一點,現在你延伸了次念,而它乃由柔和所生。我們並不是想要與世界抗爭或摧毀什麼,更不是為了私利。只不過就是那最初的一道閃光,而且繼續跟著那感覺走。

如果你對自己夠真實,當你畫出你的第一筆時,你會開始了解到哪些對你有益、哪些又對你有害。我們這裡所說的是,關於如何進一步與我們的基本人類本能相處,而不是要在純物質、純科學或純理論的層次來進行什麼。然而,我們也不是在說,這些人類還是動物、還得經過改造才會成為人類。這並非所謂覺悟社會之真義。而是,我們認為你擁有自身、並且生而為人,就能以你所有的來做些什麼。你可

以去發展那基本的本能感，而它是清淨而絕對無瑕的。當然會有些阻撓——問題、批評、道德與倫理的抉擇等——但是做為一個注定為善的真實人類，你會有辦法來克服這些障礙的。你已經是個有尊嚴且有能力的人了。那你還在等什麼呢？去做就對了。

至於這個起點，那個最初的愉快、那一點，可以來自於你的任何經驗。假設你現在口渴得很，而你面前就有一杯冰水。當你拿起這杯冰水、要來喝它時，你知道它是真的、而且能夠解渴，此時那個初念、那一點就出現了。接著你手握杯子、曲肘就口，又彎下脖子、拿起杯子，然後你開始喝水。延續著剛剛那個最初的愉快、那種想法，當你接著生起對於基本良善的欣賞時，那一筆就出現了。有夠奇怪的是，當你真的很渴、而來喝水時，你的心幾乎根本沒有任何焦慮。你可以自己試試看。當你在喝水時，你是沒有念頭的。你只是讓你的心與身同步於喝下那杯爽口而清涼的水而已。這就是那一筆的概念。

那一筆就是在生起對於基本良善的欣賞之後所出現的平順。生命中的任何一件事情，都是這麼運作的。此時我所能想到最接近的比喻，就是喝杯冰水的那種共同的基本良善。或許現在不是拿冰水當例子的好季節，不過你倒是可以想像一下，這點是可以確定的。你知道就是這麼回事以後，照著做就可以了。當你在喝水過程的當下時，是無念的——幾乎（可以這麼說）。對於良善的喜悅。這種良善意謂著你沒有使他人痛苦、也沒有讓自己成癮。

落日的詛咒──清晨憂鬱症

接下來的第二個部分就是捨離，或許稍會有些痛苦。這是對於所稱的落日世界所生的一種被漠視而遺棄的感覺、連帶一種悲傷的感受。在那個世界裡，沒有永恆的光景、沒有前方的遠見，你的視野中只有關於死亡與結束的種種。一切都如日沒西山，黑暗即將來臨，我們甚至無法在沒有陽光的漆黑中看到彼此。

落日所代表的是一種永恆的憂鬱。當你覺得憂鬱、當你感到鬱卒，有時是根本沒有什麼理由的。你一大清早起來，就覺得人生無望、糟糕透頂。或許我們會以自身的經歷來自圓其說：我覺得很糟──因為我沒有什麼錢。我覺得很糟──因為我沒有什麼朋友。我覺得很糟──因為我的生活出了狀況。我覺得很糟──因為我今天下午上班時沒膽把某人開除。我覺得很糟──因為我的老公離家出走了。

事實上，我們的清晨憂鬱症並非那麼有道理。這是落日的詛咒。沒有來由地，你就是覺得不怎麼爽快。**然後**你就開始找出各種邏輯推論、以便解釋你究竟為何憂鬱。出現了死亡的感覺。對某些人而言，這種感覺被無限延伸之後，就導致了自殺的心念；另一個作法就是去搞很瘋狂或夠莽撞的事，來替換或壓制憂鬱的感覺。大家都曉得有這種根本的憂鬱症。

我們會做各種事情來避免憂鬱的出現：一早就去門口等著報紙送來；甚至跟著孩子一起看「芝麻街」──有時孩子不在也照看。到處有一堆幫我們忘記憂鬱的東西，花了數以億計的大把銀子就為了想要高興點兒。在英國，有許多人會把茶帶進浴室，可以一邊洗澡、一邊喝

茶地拉長洗澡時間。咱們這裡呢，很多人就看雜誌或吃東西來讓自己快活些。我們會打個電話給朋友、說好出來吃午餐，以便我們的清晨憂鬱症可以因為跟人聊了天、也約了餐，而就此消除。可是晚上怎麼辦呢？這個問題可還沒解決！

因為知道你自己可能每天都會出現清晨憂鬱症，或許你會想要事先做好計畫。所以你就預計要來個假期，去滑雪、衝浪或是游泳。你需要離開去放個假——至於離開什麼，你也搞不清楚，反正你就是計畫要放假，還告訴自己你會在這邊、在那邊都過得很愉快。你甚至試著要早幾天就打點好行程，以便可以預防出現清晨憂鬱症。（你計畫好）在三個星期之內，你要去這裡、這裡和這裡，要做這個、這個和這個。你跟你自己說，你不應感到憂鬱，因為你可以對計劃好的行程有所期盼。你幾乎可以無限期地這麼做下去。

這就是落日的基本觀點。到處建了旅館就是要來促銷這個，設計各種航班也是要來配合這點。每件事物都是要來幫助我們忘記自己的清晨憂鬱症。而從基本良善的觀點來看，我們有辦法生起自我的尊嚴與良善。所以如果誰還屈服於落日世界的那種心態，似乎就太可憐、也太可悲了，真的很可悲。如果我們不做些什麼的話，隨著時間愈久，事情只會更慘。毫無疑問地，這個摩登世界必然會進一步生產更加精細的東西，來幫助我們忘掉任何有關憂鬱的事實，更別說提供我們一個百分之一百萬的落日世界了。而另一個選擇卻是，在我們經歷了對基本良善的喜悅，以及對落日世界的悲傷之後，生起了真正的捨離心，也就是知道該接受什麼、該拒絕什麼。

捨離表面虛飾的習氣

　　此時，還需要了解另一件必須考量的事情，那就是我們的習氣。在此我要特別清楚表明，我**並不是**說你就這樣被你的習氣給絆住了。當你善待一隻小狗時，牠一定會對你搖尾巴的。同樣地，當你跟某人打招呼時，對方也會自動跟你微笑。但這些只不過是反射動作，並非所謂的習氣。我現在所說的習氣則是那些中型的習氣，絕對有辦法克服的。無論是根據佛陀的智慧、還是依照香巴拉的智慧，我們都具有所謂的基本良善，只是後來卻發展出一些不必要的伎倆，基本良善也因而被覆蓋了。我們所發展的小小伎倆，就是為了要讓自己免於尷尬難堪、不會覺得太痛苦或是太赤裸。這些都是習氣之一，不過它們並不是非得存在的。它們只是暫時性的習氣。這就像是你有一間用又細白又平滑的石膏牆所砌成的建築物，如果哪一天你受不了這種單調純白的牆壁，你或許就決定把它貼上一些色彩繽紛的壁紙，好讓自己高興些。我們這裡所說的那些習氣，就正如你所貼上的這些壁紙般，是可以拿下的。這些紙不會穿透牆壁；它並不是根深柢固地貼住，只不過是某種表面的虛飾，而被稱為習氣──這絕對是要被捨離的。

　　知道自身有這種基本良善，同時也知道落日可能的悲慘之後，你就會願意去做某種犧牲。我們可以把這些壁紙拿掉，除去這些粉飾。如果真要說捨離有什麼負面意思的話，那就是你所要拒絕或避免的東西。在這裡你要拒絕往來的是自我沉溺，別再只為取悅自己而活。如果你能這麼拒絕的話，你就會擁有一面純淨潔白的石膏牆壁。至於正面的意義、也就是你要去接受的，就是一種真誠勇士精神的生起。在

香巴拉的傳統中，我們提到在了解懼怕為何物之後，就會生起無畏。同樣地，當你出現了清晨憂鬱症，還是有可能讓自己高興些。這種情況算是真實且蠻好處理的。從這種清晨的憂鬱症，以及它所帶來的恐懼感，我們就能夠踏入基本良善的殿堂。我們學著去拒絕清晨憂鬱症所造成的恐懼感，並且走入清晨的基本良善中，就是這麼準準的。

而結果就是，你會與同伴建立比較良好的關係、你的廚房會乾淨些、你的日常作息也會準時完成——這都因為即使是在極小、極為世俗的層次上，你已經不再有極大的掙扎。或許你會認為，這不過是一種「Dear Abby」報刊專欄式②的快樂念頭罷了，但其實我們在討論的，卻是如何實現一個覺悟的社會。覺悟社會的基礎，不僅是在廚房的洗碗槽，也要從臥室的層次做起。否則，就不會有所謂的覺悟社會，這一切也變成了一場騙局。因此，真誠的捨離就是要知道如何取捨，並且走出憂鬱，將憂鬱視為一種階梯。當你第一次踏上這個十分薄弱的階梯時，你並不確定它是否能夠承受你的重量。或許你會摔倒。但當你走到第三步、第四步、第五步時，你會發現，儘管它是這麼不穩，它還是有辦法帶你到樓上去的。如此這趟旅程也就值得了。

於是，你開始處理你的清晨憂鬱症。剛開始你還不確定究竟有沒有辦法，不過，一旦你試了至少五步、或轉了至少五個念頭以後——這其實是很快的；我們很自然地都會為了自身的安全而腦筋動得很快——然後你會發現，這個清晨憂鬱症其實還好嘛。你對它是有辦法的，還可以將之踏於足下，它也將帶領你通向基本良善。走在自己清晨憂鬱症的階梯上，就是之前所說的那一筆。而在階梯上所踏出的第一步，

雖然有些不穩,卻就是那一點。本來還有些疑惑……接著你繼續走下去,發現一切都好。

在你的這一生當中,你應該時時刻刻都有一種自我尊重感與自我舒適感。當你走在街上時,不要匆匆忙忙地走。就像是散步那般優雅地走。做自己,並且欣賞自己。甚至也要欣賞自己潛意識中的念頭。欣賞自己這個完完整整的人。你的手臂與雙腿、還有你的那個腦袋,都沒有因為自己的一些狂野念頭而搞得到處亂飛,而你仍保持著做為一個人的整體性,雙足著鞋、髮自有型,或許還戴著眼鏡,加上領帶與夾克,走在這個美好的大地上,走在這條美好的街道上。就是這麼做,就是這樣優雅地走著。就這樣。然後你會開始覺得自己**真正**在做自己該做的事。而這甚至不是一種該做的事,實際上你本來就該是這個樣子。之後,你可以學著如何優雅地吃喝飲食,甚至是優雅地尿尿。每一件事都來自那基本的存在感與整體感。你是完整而非支離破碎的。這是一個十分平凡的體驗,大家隨時都可以感受得到,可是卻沒有人把它當成是一種好的訊息。大家只是會想:「喔,算了吧。」根據佛法的教導,眾人隨時都具有佛性的那一道閃光──隨時都有──然而他們卻不認識它。

根本智慧傳統

香巴拉的智慧並不是偶然意外所得的。並非哪天誰剛好做對了什麼事情,所以我們現在將這個訊息轉手給你。而是,這些智慧乃來自驚人的傳統與背景。它是由數千年的根本傳統而來,由一群證悟的人

們、也就是過去的偉大勇士而來的。這個傳承來自於已然成就香巴拉法教的人們；並且在成就之後，如此慈善地讓我們使用他們的智慧，並且以此為修持。

就算在最最糟糕的狀況之中，我們仍然可以發現這種智慧的存在。許多年來，南非的政治與政策一直都問題重重。然而，南非卻仍生產出像「克魯傑讓」（Krugerrand）③那樣精美的金幣。在任何的情況下，總是會有一些尊嚴、一些黃金般珍貴的成分。西藏這個國家，目前已然不存。中共政權佔領了我的國家，也正在折磨我的同胞們。這個情況十分恐怖，種種都像南非那般惡劣，讓我們西藏人根本無法逃避。然而，西藏的智慧卻逃出來了。它被帶出了西藏，它向世人宣說，它也有所貢獻。這讓我們對於身為西藏人覺得有所尊嚴。

在另一方面，儘管西方擁有強大的科技，伴隨而來的卻是無限的傲慢。就算你有辦法登陸月球，科技本身仍無法拯救受苦的人們。我們應該要珍惜這些流傳下來的根本智慧傳統。尊崇智慧絕對是一件美好的事情。你並非因為中了樂透大獎，才能夠獲得香巴拉的智慧，而是以真誠的興趣與尊崇，來接觸這個傳統。這絕對不是偶然的。並非是你就這麼剛好選對了正確的數字，而讓你在這裡出現；你也不是流浪在失落天堂裡的次等人類，想要找出自己種種問題的解答、並希望在這裡撞見能讓事情導正的正確方法。

香巴拉訓練的目的就在於教導大家如何做個誠實、真誠、一點也不虛假的人。這其中以禪坐的修持為最主要的成就方法，因此容我再次重申這個修持的重要性。當你禪坐時，保持你的坐姿並且專注你的

呼吸，不要有所質疑也別半途而退。只要順著自己的氣息就好了。你就坐在大地上。這個大地值得有你；你也值得與大地同在。這是很重要的一點。天地合一的基本概念就是，你是完整、親自、真誠地處在當下。

如此不斷地修持，我們就能非常直接地體驗到香巴拉的教導。而我們對於這個教導所生的欣賞之情，也會讓我們自然地對教導它的老師有所欣賞。由於我們對智慧的尊崇，讓我們對智慧的發言人或是長者，也有所珍惜。**長者**在這裡所指的並不是年齡上的年長，而是某位曾經努力修持並且試驗過香巴拉智慧的人，也就是能在這個落日世界生存的人。事實上，這些人有辦法發散出光耀與良善的訊息來影響他人，他們會願意與人分享他們的博愛與無限的慈善。的確是有這些人存在，這樣的傳承與勇士的傳統也值得受到推崇。我們常常以為我們買得到智慧。很多人花了大把的錢、就是想這麼做，然而所得到的卻是少得很。大家必須了解，智慧是無法買賣，智慧是由親自修持而來的。然後我們才會開始了解智慧的價值，而它是無價的。

---

① 譯注：它的意思是捨離、離棄、捨棄，亦即佛教名相中的「出離心」。
② 譯注：這是美國相當著名的一個報紙專欄，接受人們提出各式各樣的私人問題、而由這位 Dear Abby 顧問來做建議與回答，已經風行多年；Ann Landers 與她同樣是專欄作家，兩人實際上是親姊妹。
③ 譯注：南非專門生產的金幣，為目前世界上唯一流通的純金金幣，是投資專家眼中的精品。

第三章　克服生理上的唯物主義

當我與西方的學生相處時，我總會提出兩個訊息：首先，如何克服心理上與精神上的唯物主義；接著，如何克服生理上的唯物主義。第一個訊息是要幫助人們成為佛法世界中的真正修行者。第二個訊息則是要幫助人們藉由修持身、語、意的戒律而能真正克服生理上的唯物主義，並且成為香巴拉覺悟世界中的勇士。

在討論捨離的同時，我們也談到對於基本良善的喜悅、對於落日世界的悲傷，以及如何取捨的規範。由此延伸，我們進而推崇智慧；因此，對於老師與長者的愛慕之情也會生起。捨離也與克服像清晨憂鬱症那類的習氣有關。儘管我的取向並不會要大家操之過急，也不想在大家還沒有進行完整的個別訓練之前，就告訴大家克服問題的技巧或方法，但大家已有了解，我想稍微進一步討論。

活在挑戰中

接下來的主題是「放手」（letting go）。依據「捨離」的原則，也就是知道如何取捨，並且由於領會了自己的基本良善，你開始了解到你有辦法放手。讓我告訴大家一個故事，以便幫助大家認識這個主

題。一九七四年,我所屬的藏傳佛教噶瑪噶舉派精神領袖、也就是第十六世大寶法王,他在北美洲將要展開第一次訪問。在他到達之前,我們大家舉行了一場會議,討論各種草案與不同的安排。有不少人說道:「難道我們就不能帶大寶法王去跳個迪斯可、再請他吃個牛排就好了嗎?我們真的非得要把地板吸一吸才行嗎?或許該準備個水床讓他睡呢。難道就不能讓他來看看美國長什麼樣子就好了啊?」到最後,我們決定不這麼做!如果我們那樣做事,就違背了「放手」的原則,因為「放手」就是不自滿於自己的粗魯。那樣做簡直就是因傲慢而自我膨脹。

「放手」是遠離落日世界的觀點與格調的。這個觀點所相關的意思是,你是值得去**放手**的。如果你是個優良駕駛,也懂得自己車子的機械狀況,而你在高速公路上有辦法開到時速一百一十英里①;你知道如何掌控車子,如何調整後視鏡與方向盤;你知道引擎的馬力、車子的重量、輪胎與路面的狀況、天氣如何,以及目前高速公路上的車流多少。或許你開得挺快的,但還不會到造成自殺的程度。這成為一種共舞。我這樣講可能滿危險的,我可不會建議你拿「放手」來玩火。但是當你真的有那種「放手」的感覺時,你就該「放手」。

佛教所談的智慧有點像是「放手」。「無上正等正覺」的梵文音譯為「三藐三菩提」,也就是證悟境界的無上成就,講得是某個能夠全然「放手」的人。這種人所達到的智慧與善巧方便,使他們知道能將自己推向或發展到什麼程度。因此,勇於「放手」的精神與技巧和訓練有關。如果你們其中有人是運動員,你就知道我在說什麼。拿滑雪這種

運動來說，如果你在訓練早期就開始「放手」，就會造成斷手斷腳的禍因。要是你假裝或模擬著「放手」，你就會倒楣。另一方面，當你已經具備良好的訓練、知道如何「放手」並且同時阻止你的野心與輕率，此時如果你適度地「放手」，就會發現到一種很棒的平衡感。平衡並非來自抓著不放。平衡乃源於與天地交友：以大地為引力或參考點，而將上天做為呼吸的空間、讓我們能夠真正改造自己的姿勢而抬頭挺胸。我過去每天都騎我的馬，牠叫做爪拉（Drala）②，而我一再且不斷地學習到，當你用雙腿緊緊抓住馬鞍不放時，並無法達到平衡。平衡反而是端看你騎馬時與馬兒的動作共舞的程度如何。因此，每一步都是你自己的舞步，無論是騎士的舞步還是馬兒的舞步。

　　開端就是，你必須夠格來勇敢去做。一旦你的資格足以成為一位勇敢的人時，你就真的得加把勁了。可能會出現的障礙包括，你會去想：「我可能還沒準備好做一位勇敢的人；我還不夠資格。」這類的懷疑隨時都會發生，但只要你初步認識了智慧的內涵之後，就必須放掉這些懷疑。在梵文中，「佳那」（jnana）這個字所代表的是智慧，在藏文中則是「依喜」（yeshe）。而「依」（ye）意思是「本初的」或「本性的」，「喜」（she）則是「知道」。如果你對於如何對應你的身、語、意，已經有些本初性的了知，那麼你就應該要放手。你極有可能可以替換他們在超覺靜坐（TM，transcendental meditation）中所修煉的飄浮動作（levitation）。當然，香巴拉訓練並不是要我們從坐墊上跳起來並**讚嘆那種**樣子；我們所考量的是如何恰當地流動（floating）③。當你信任自己時，地心引力就不再是個問題了。地心引力是早就被確認了，

也因為如此，你才有辦法讓自己站直。而「依喜」在英文的翻譯中，「智慧」（wisdom）是我們所能找到的最佳字義。「依喜」就是智慧（wiseness）的達成，或是智慧（being wise）的技能與藝術。

「放手」並不是指先前你本來害怕、而現在你可以放鬆或放掉你的恐懼。它比這個還更有含意。「放手」指的是要調整自己，而能與整個氣氛、整個具有挑戰性的世界有所對應。我們在這次香巴拉訓練④的座右銘就是「活在挑戰中」，這就是「放手」。這並不是表示你要被不斷地推來拉去，像是你的銀行專員打電話跟你說，你必須要在戶頭裡再多存些錢，同時你的房東又說你快要被趕出去了。你也可以活在那種挑戰中，但我們所說的是比那些好多了的東西！活在挑戰中的更高境界，就是每一刻都是挑戰，而挑戰是令人愉悅的。「放手」同時也是要**勇於**去做。彷彿你的生活感覺就像是串鞭炮，而你正等著那個爆炸來臨。這就是勇敢（daring）。

首先，你具有你那良善的「一點」。或許你的耳朵裡會有一種高聲調的聲音，說不定就是那「一點」的聲音，聲調十分地高。任何一個初念都是那「一點」。接著，之後你學著去進行。生活的修持、喜悅的感覺、悲傷——每件事物都來自於那最初的「一點」。接著，終於，你發現了「放手」。然而，你並不就此狂妄奔行。你學習著「放手」的實際細節：身的放掉、語的放掉、意的放掉；放掉家事、放掉家務。「放手」就是顯現，它意謂著要捨棄所有的預留。你可能會說，「假設我租了個公寓或房子。我有辦法負擔嗎？」或是「如果我和這個男人或女人同居，我們的關係能維持嗎？」所有這些事情都是挑戰。而香巴拉

的訓練就是：活在挑戰中！

五官的回饋

　　我希望大家都能珍惜周遭的一切。珍惜秋天——這並不是要你得去新英格蘭州（New England）去看葉子。珍惜冬天、珍惜夏天、也珍惜春天。你的生活中有許多事情都在發生著。人們的生活裡充滿了許多事情，包括他們的寂寞。大家的日子都過得十分忙碌，不是忙著維護自己的公寓、就是要清掃自己的房子，或是得與朋友聚一聚或聊一聊。隨時都有些事情。只要是擁有五官的人，都會接收到一些感官上的回饋。如果你睡過頭了，或許你會被臥室窗外的黑色山鳥（blackbird）所叫醒。這個世界並不那麼空虛。總是要有戲劇；總是會有閒話；總是有人來訪。我們總是在製造一些機會，以便邀請朋友來參加茶會或是雞尾酒會。這是很自然的情況，儘管它十分嚇人、但也非常美妙。近來，我們則被電視所寵壞了，而我必須要這麼說，這種發明簡直就是有史以來最嚴重的罪行之一。

　　當你老是在看電視時，你對自我發掘的喜好就會被帶離了。但是除此之外，我們還有很多自然回饋的機會。只要我們耳朵不聾，就聽得到聲音；只要眼睛不盲，就看得到東西；只要嘴巴不啞，就說得出話來；我們有嗅覺、也有感覺。所有這些周遭的世界都是美妙的。

　　你可以拿一些最簡單的小東西來讓自己高興，比如說當你正要吃東西的時候、一隻蒼蠅飛來停在你筷子的頂端上。這是我們所能想到最好的雙關語⑤了。生活可以是十分簡單而美好。當我們欣賞到這些細

節時,我們並不是變得愚蠢、瘋狂或是頭腦簡單,反而是更加有所夢想。你可以想像愛因斯坦對於一隻蒼蠅飛來,停在他要用來吃東西的筷子頂端上,他會有什麼感覺。他很可能會笑出來。所以,我們不需要把世界變得那麼正經八百,同時也不需要隨時擺個快樂馬戲團(Merry-Go-Circus)來取悅自己。

身

放手的智慧與勇氣分為三個層面,這也是非常單純的分類:身、語、意。首先談談在「身」層面的放手。通常,智慧所指的是具有學問,這是很粗淺的講法。我們這裡所要說的,並不是那些對所有事情都有辦法找出一個邏輯答案的邏輯學家,也不是在說那些可以扭曲真理而打贏官司的現代律師。而是,我們在討論的是根本的或身的智慧。「放手」乃是一種全然無瑕、清淨無染的戒律觀念。為何我們應該要用戒律來規範自己呢?並不是因為我們覺得自己不好;因此我們就得像是調皮搗蛋的小孩那樣被人管教,或者,就得像壞狗狗那樣,因為在地毯上便便然後就被主人鞭打、或是被強押住鼻子去聞自己的便便。戒律是令人愉悅的。

讓自己有尊嚴

這與我們先前討論過的主題是相關的:對治你的清晨憂鬱症。我想這樣的主題會一再地重新出現。有時你會感受到自己清晨時的憂

鬱，有時或許你清晨起來就很興奮，一大早就很有夢想。不論是哪一種情形，你也別誇大那種愉快感，也別就此嘆通倒下、把自己縮得像是一塊木炭那樣、然後吐出黑色的空氣。避免出現這兩種心智狀態的關鍵，就在於要好好照顧自己的色身，無論生活中發生了什麼事情皆然。當你一覺醒來、起床之後，你第一件會做的事情，可能是到浴室去看看鏡子裡自己的模樣如何。你的頭髮一片凌亂、你的神色半睡半醒、然後你又看到自己浮腫如袋的皮膚。你的生理反應於是出現。你重重地嘆了一口氣，告訴自己說：「又來了。今天我又看到自己蓬頭垢面、眼袋浮腫了。」然而你必須趕快準備好去赴早上第一個約會。但是就在這個時刻，當你在照鏡子時，此時的戒律就是要你看著鏡子裡自己的眼睛，並且找到潛在的基本良善。接著你就會快樂一點兒，也能夠將你的快樂感染給你的同居人、你的伴侶。

就是這樣，開創一個覺悟社會的基礎，並非在於每個人都得有什麼偉大的想法。當那些恐怖份子握有人質時，他們很可能一早起來就高興得很：「哇，有夠棒，咱們隔壁關著人質耶！」但是我們這裡所說的是，我們具有基本的良善，而且它甚至不是在隔壁、而是早就在我們心中。我們的遠景並非來自憤怒、熱情、無知或任何其他種類的神經衰弱症⑥。

或許你的生活狀況十分艱困。也許你的公寓正好是落日世界的人們所建築的，全是塑膠、薄弱不堅、一切人造。而你並不需要一天到晚都住在宮殿裡。無論你在何處，那兒就是你的宮殿。大約三個月前，我和幾位學生在「洛磯山法輪中心」⑦（Rocky Mountain Dharma Center）舉

辦了一場叫做「馬佳帕惹野營隊」⑧（Magyal Pomra Encampment）的活動。我們都住在帳篷裡，而且所在之處都沒有自來水。當然不會有啊！我們是在露營嘛。有一次，發生了可能接下來就要完全沒水的情況，但我們還是有辦法讓自己很盡興。我們早晨起來就用一盆水先洗一洗；然後，照樣做好我們的功課、升起我們的旗幟、吹響我們的號角，我們就是在**那裡**。

在北美洲，大部分地方都有相當良好的自來水管道系統，這是相當有益的一點。早晨起來可以馬上就沖個澡或好好地泡個澡，可能是滿有幫助的。當我住在英國時，他們的自來水管道系統就沒那麼有效率，不過我們仍然能夠善加利用。英國有個傳統就是能用一杯水洗一次澡，特別是在沙漠裡。你仍舊可以維持尊嚴、穿著高尚的制服，然後用一杯水洗整個身體，一點兒也不浪費。這裡頭可有著特定的智慧。在那種情況下這麼做，顯然是基於生存的理由。同時，也要知道如何使用周遭的環境而來適當地做事。

我們所說的可不是要買下白金漢宮來讓自己輕鬆舒適。我們到哪裡都可以輕鬆舒適。如果你找到的公寓裡面一片混亂、全是前任房客留下來的東西，不過因為房租十分合理，所以你仍想搬進去住，此時你至少會花個十五分鐘來打掃一番。當你花了好幾個十五分鐘之後，你就有辦法把那裡變得很像宮殿一般了。尊嚴的意思不是在於要遷入鋪滿紅毯的住所。你也絕對無法這麼做的。對那些有辦法花上大把銀子將自己的房子變成皇宮般富麗的人來說，或許這是可能的，然而這仍舊是虛偽不實的。如果他們非得要這麼做，也不過是建了個人工的

宮殿而已。事情應該要是我們自己胼手胝足來進行與完成才對。我們必須當下行事、做得適切、做得漂亮、做得完善。就算在糟糕透頂的情況下，我們仍然能讓自己的生活優雅怡然。能否如此就端看我們是否有戒律與遠見了。

好好照顧自「身」

好好照顧自己與自身的「身」層面智慧，是非常、非常重要的：包括要吃哪類食物、要喝哪種飲料以及如何運動。你不一定非得每天都去慢跑或做伏地挺身。但是你應該要有一種照顧自身的態度。我們的身體乃是那基本良善的延伸，也是我們所擁有最方便使用的工具。即使你的身體各種缺陷都有，我想這應該不會造成任何問題。我們不需要因為染疾或生病就自我禁閉。我們仍然可以伸展自我、超越自我。以此天地為名，我們就有辦法跟自己做愛。

有時人們對於這類事情會覺得十分羞赧，特別是當他們研讀了太多佛教中的「無我」（egolessness）教義時更會如此。當大家聽到像密勒日巴尊者⑨（Milarepa）那樣的大瑜伽士的捨離方式之後，有時他們會想，如果他們虐待自己，就是在跟隨密勒日巴尊者的榜範。然而事情並不是這樣的。在洞穴中禪修的苦行方式，只是瑜伽士修行傳統的一部分。你當然可以這麼做，但是在你這麼做*之前*，你必須已經具有足夠的體力與自尊，才有辦法為了禪修而在洞穴中餓得半死。你可不能拿自己的邋遢來當作自己沉溺於苦行與自我否認的理由之一。光是住在泥巴中是沒有用的。

世界上許多宗教都鼓勵人們出家為僧或為尼。儘管從某些觀點來看，寺院制度是很自然的，但是它也同時成為一種強調化或稀有化的存在方式。在香巴拉訓練當中，我們主要的考量是要與整個社會共同努力。我們希望能夠發展一個基於清淨放手觀念的覺悟社會：那會是最棒的社會，人們都講實話、也對自己真誠、隨時規範自己的身體，並且妥善照顧自己的小孩、丈夫、妻子、兄弟、姊妹以及雙親。過去從來沒有什麼課程，是針對如何成為最佳企業老闆、家管、雙親、洗衣店長等來做妥善說明的──無論你所接觸的是什麼課程。因此我們在此所說的，正是如何成為一個活在世界上的真實的人，以及如何建立一個真正的覺悟社會。我們提到過如何以香巴拉風格來對待自己的方式，也就是學著成為勇士。我並不想談哲學，但我想與大家分享我自己的訓練、我如何對待自己。我想告訴大家如何能實際地成為一位真正的勇士，以及如何用比較好的方式來對待自己，以便我們能擁有一個覺悟的社會。

自我尊重是美妙而光榮的，也絕對是很棒的。有時你會因為要去特別的活動而穿得正式些。當你隔天上班時，你又必須得換回牛仔褲、短上衣、工作褲，或是各種樣式的上班服。請不要認為這就是把你的香巴拉尊嚴給關掉了（switch off）。你並不需要因為工作環境或荷包缺錢就改變你的心態。也許你會認為，儘管自己不喜歡、但就因為經濟有了困難，到最後還是得來一段「落日世界的旅途」。然而，你依然可以顯現出美妙的尊嚴與良善。對自己佈滿塵土的牛仔褲與穿了五次的短上衣、還有你的一頭亂髮，你都應該尊重它們。只要是合於基

本良善的想法，就不會有問題了。我們大可正大光明地說，「萬法唯心造。」

有一天，不少人來找我，希望能得到加持。他們下了班就直接來找我，所以都穿著上班的服裝，並且一頭亂髮；然而他們相貌莊嚴、神色優雅。看起來真是美麗極了。我因此真的非常感動。這真是個有趣的邏輯：身體的模樣，包括好好對待自己的身體，並且選擇適當的食物，這些都是非常重要的事情，然而同時我們也不需要過於誇張。穿著牛仔褲與短上衣也能讓你看起來既可愛又自然。另一方面，還有一種美國運動家最基本的外表。在那一大堆郵購目錄裡，連你拿鏟子剷泥巴時要怎麼穿才漂亮都秀出來了。或許這些目錄裡面真的有點東西，但是顯然地，這整件事情已經變得商業化了。只要你對於自己的所作所為，具有一份運動家的**精神**，即使你穿著短袖上衣與破牛仔褲，你也會是個有尊嚴的人。

或許你一早起來就覺得**鬱悶**，隨便看看地上有些什麼、就把第一件找到的衣服穿上。這就是問題所在。你應該針對要去的場合來選擇適當的穿著。動物就沒這種問題，牠們本來就預備好了。如果你是一隻狗，你就一直都是隻狗。要是你是一隻馬，你就一直都是隻馬。只要是動物，看起來就都很好；有時我們雖然會幫牠們洗澡，但牠們還是不必選擇要穿什麼衣服，即使沒穿衣服，也不同於人類的赤裸。人類老早以前就開始腐化地偽裝自己、穿著各種服裝首飾。美國的社會在這一點上更是特別明顯。儘管你在餐廳的招牌上會看到：「隨意穿著、即可入座。」然而，他們又用另一個標示來做修飾：「足上無鞋、身上

無衣、就不服務。」這的確是一個非常有趣的社會性兩難情況。這也就是香巴拉法教可以有所教導的部分，也就是要大家去了解，外在模樣中隱藏的內在尊嚴是一件重要的事。

語

第二個是有關「語」以及說實話的部分。在這個社會上，大家經常都會用說話來自我維護。舉例來說，如果你要跟一個不懂英文的人說話時，你通常會對他們大吼大叫。或者你在找工作、進行面談時，你想要表達自己的自信，你就開始了「說話之旅」——而你所說的並非總是根據事實。有時你甚至需要扭曲事實，讓自己看起來更好些，以便可以得到這份工作。我對此感到同情，因為說話的重點其實是在溝通。

若以東方大日觀來看，你應該視你的朋友為自己的兄弟姊妹，因此，能與他們感到相連、並且彼此溝通，是很要緊的事。如果你不照著你真正的感覺來說話，你就是在大量地浪費時間。接著你的朋友會覺得困惑，甚至你自己也感到迷惘。避免這個問題出現的方法就是，你應該讓自己自在地對朋友表達個人的感覺。說話與柔和也有所相關。在香巴拉的世界中，你要柔和地說話；可別像狗狗那般亂叫。這就像是抬頭挺胸能讓我們擁有尊嚴那般重要。要是有人明明抬頭挺胸、卻開始狗吠一般亂叫，那可真是怪異了。那看起來太不協調了。

意

　　對於第一部分的「身」智慧，我花了比較多時間來談。這是因為如果你處理好自己的身體狀況，「語」和「意」的部分自然會隨之而正。而放手的最後一個就是「意」的部分，所相關的是沒有迷惑的狀態。有時我們會浪費一堆時間、只是要問問別人的意見，以便看看我們是否要做出某種決定。「我是不是應該要向某人求婚？」「我是不是應該要去找那個對我很兇的女人、並且向她抱怨？」「我是不是應該要找老闆要求加薪？」當然，如果你真的需要別人的建議，去問問別人也還好。但是很多時候，我們其實並不是真的想聽別人的意見；我們只是在表達自己的缺乏自信。如果你相信自己，就不會這麼猶豫不決。由於無知、我們不決；這乃是因為不確定要如何言行。而以心意方面來說，我們唯一真正的參考點，就是對於基本良善的確存在的清淨認知。事實上，你可以毋須細想地、就能投射出那種禪修意境的感覺。讓那個離於恐懼且毫無疑惑的最初念頭，如電光火石般出現。

　　有時候，當你在研讀某些東西時，你的心忽然一片空白。你甚至無法思考。這就是恐懼知識、害怕沒有辦法適當地連貫了解。儘管你並非是個沒救的人，然而你害怕你就是那個樣子。由於對智慧的恐懼如此之大，以致智慧變成像是紀念碑那般龐大。打破這種恐懼的方法就是，要與你的日常生活建立良好關係，從身、語、意三門的戒律開始。接著你會開始了解到，於自心之中的確具有那良善的火花，而它被稱為第一點。這一點就是無所畏懼的根源。當你具有這一點時，也

許並不必然離於恐懼,但起碼你是**覺醒的**。根本的良善早已存在。因為如此,你開始欣賞自己。接著,由於這種欣賞,你開始覺得你有辦法與他人共事。也因此你生起了一種沒有個人性的個人精神,這是個有趣的轉折。

由於懂得欣賞自己對於那一點基本良善的智慧,於是你開始生起一種對於階層的尊敬。因為這種智慧是真誠的、也是管用的,因此對於智慧的來源、也就是老師,你的忠誠也會生起;更因為領悟到自己真的有辦法讓別人也接觸到這種智慧,你開始渴望想要幫助自己的兄弟姊妹、母親父親、各種姻親等——他們都需要知道自己有這種基本良善。我們不能全然地自私自利,得到香巴拉智慧之後就只是將它據為己有。這麼做幾乎就等同於犯罪。我們必須要去幫助他人。如果你喜歡的話,這會是你的負擔,而這也是個甜蜜的負擔。我自己也是這麼做的。我也會持續做到死去、甚至死後亦然。我們真的必須去幫助別人。

遙想覺悟社會

在亞洲,這種覺悟社會的理想,來自於一個被稱為香巴拉的神話王國。我們也可以說,當佛陀在世且傳法的時候,這個覺悟社會是存在的。當佛陀宣說「四聖諦」⑩時,覺悟社會因此產生。在西元第七世紀、由松贊岡波王(King Songtsen Gampo)統治西藏的時候,曾經創造一個覺悟的社會。松贊岡波王被認為是最好且最仁慈的西藏君王之一,而他所領導的覺悟世界持續存在了大約兩百年⑪。當西元前第三世

紀時，在印度也有一位阿育王（Emperor Ashoka）所統治的覺悟社會⑫。阿育王的目標是想要向全世界傳播和平的訊息，而他也是歷史上第一位創立醫院的人，包括服務病人與動物的醫院。在那之前，世界上從來就沒有醫院成立。而他建立醫院的概念，乃來自菩薩對眾生的憐憫，以及關心他人福祉的想法。在中世紀，宗教與政治並不像現在那麼涇渭分明，社會也不像現在那麼各有組織。然而，這些覺悟的社會確實曾經出現過。

在中世紀時，對於高尚正直（decent）的想法仍是相當地模糊不清，然而到了現代，一個社會究竟是覺悟還是不覺悟的，界線就非常分明了。因此，在現代的社會裡，要創造一個像是阿育王或是松贊岡波王時代的覺悟社會，其可能性就滿高的。在中世紀時，幾乎沒有幾個人會寫字或讀書。到了現代，大部分的人都會認字，所以人們就有機會接觸各種書寫下來的訊息，也可以更廣泛地與更多人分享。在中世紀時，儘管人們比較少因生理上的唯物主義而受苦，但究竟舒適與否的界線也是很模糊，並無所謂很好的舒適或是很糟的不舒適。人們對這種方面的經驗，沒有明顯的感覺或分別。今日，世界上大部分的地方，舒適與不舒適就被分得更清楚而明顯多了。雖然愉快可能仍然是曖昧的，但至少痛苦則是明顯得多了。也因而有更多空間，可以教導人們痛苦的真諦。如果你能了解這個道理，也就更有可能來實現一個覺悟的社會。因此，這個世紀的狀況顯然帶來更大的可能性。

這個訓練的基本重點就在於，要與世界上其他人共同努力，使他們能釋除自身的侵犯性，並提供一個實際可行的溫和世界。這一切主

要端看你個人的參與，以便你能夠從落日世界進階到東方大日的世界，並成為資格充分的東方大日子民。東方大日的定義有以下三項：

散發祥和自信：
東方大日散發著祥和而無侵犯性的自信。

照亮戒律之道：
這點我們之前已經談過：也就是要學著如何取捨，並且生起戒律與智慧等。

恆久治理三界：
這是因為我們無法躲開這個光亮。如果你是綠樹的一部分——譬如說是一朵花——而你想要茁壯，你就一定需要太陽，它就像你的國王一般。在這裡，治理你的世界也關係著身、語、意三種智慧的生起。此處所謂的三界就是身、語、意。治理也意謂著天地合一的觀念，以便使世界合而為一。

在教導真理的時候，很多人會覺得怎麼這麼嚇人。而在許多時候，教了真理還得隨後道歉。但是呈現香巴拉的法教時，我們是無須道歉地在教導真理——這是不帶歉意的真理，並且是從頭到腳地尊嚴而誠懇。大家能夠對真實的真理有所回應，一點不談哲學、也非精神喊話，這讓我覺得很高興也很光榮。這可是從沒聽說過的！我覺得與有榮焉。我想我們大概也得謝謝這個落日世界。正因為它是這麼嚴重地影響我們的生活，我們才會發掘到東方大日的可能性。

克服各種唯物主義

以我個人來說，我一直都試著遵照我從小就被教導去做的事：成為一位除了幫助他人之外、別無所想的西藏紳士。當我在一九七〇年來到這個國家時，我遇到一些非常有知識的人們。同時，他們也十分容易受騙。他們願意花錢去進行任何一次精神之旅。因此我給他們的第一個訊息就是：「拜託，眼睛放亮點。不要只因為誰說什麼就言聽計從。要去質問他們。試著培養批判性的知識。」這就是斷除精神上唯物主義的意涵。我也以這個主題寫了一本書《突破修道上的唯物》⑬，目的就在於幫助人們了解，不要只因為它是精神性的教導就去遵照。過去由於人們那麼做，已經衍生出問題來，也造成美國精神世界的巨大汙染。

在那之外，我們還有生理上的唯物主義，這是在那本書中並未特別提到的。不過，這本書裡我們有提到，必須克服生理上的唯物主義，也就是不再認為財富或財產能夠讓我們免除痛苦並且獲得快樂。根本上來說，這正是我們在這裡一直討論的內容：包括如何再教育自己，並且非常純粹地去制止自己，不要再犯生理上唯物主義的毛病。

因此，當我在與西方學生相處時，我會一再提到兩個訊息：首先，如何克服心理上與精神上的唯物主義；其次，如何克服生理上的唯物主義。第一個訊息是要幫助人們成為佛法世界中的真正修行者。第二個訊息則是要幫助人們藉由修持身、語、意的戒律，而能真正克服生理上的唯物主義，並且能夠成為香巴拉覺悟世界中的勇士。我希望大家能將香巴拉世界視為一個大家族，並且大家都受邀加入這個特別的家

族。在佛法的世界裡，我們提到要加入覺者佛陀的家族。這裡我們所說的則是要加入覺悟社會。竭誠歡迎每一個人。

---

① 譯注：這個速度相當於一百七十七公里。
② 譯注：藏文「爪拉」的意思為「戰神」，在後面的章節會談到。
③ 譯注：作者在此所說的「流動」（在生命之流裡）可能與其後所談如何與整個世界互相對應的放手有關。
④ 原注：作者這裡所指的「香巴拉訓練」乃是給予這些開示的週末禪修課程。
⑤ 譯注：在英文中，「蒼蠅」與「飛翔」是同一個字，都是 fly，所以「一隻蒼蠅在飛」，就是 a fly flies。而 fly 在這裡可能還可以延伸為「讓自己高興而飛起來的東西」，所以不只是「雙」關語、而且是「三」關語了。
⑥ 譯注：作者以神經衰弱症或說是神經質言行（neurosis）來代表人類的種種情緒困擾，其中最強烈的三種、也就是佛法中所說的「三毒」，分別是貪（熱情或熱切）、瞋（侵犯或憤怒）、癡（無知或無明）。
⑦ 原注：這個「洛磯山法輪中心」現在改名為「洛磯山香巴拉中心」（Rocky Mountain Shambhala Center），座落於美國科羅拉多州（Colorado）福特柯林斯地區（Fort Collins）上方的山頭中，靠近紅毛湖區（Red Feather Lakes），是個地處偏僻的禪修中心。
⑧ 原注：「馬佳帕惹野營隊」是創巴仁波切在一九七八年所創立的年度戶外活動，為一種引導學生修持心性、去除憤怒的法教課程。
⑨ 譯注：密勒日巴尊者是西藏的偉大上師之一，其生平故事流傳至今，相當引人入勝、讓人津津樂道，台灣已有出版他的傳記，包括兒童閱讀的漫畫版在內。
⑩ 譯注：「四聖諦」乃佛陀證悟之後、初轉法輪所宣說的內容。分別是「苦諦」「集諦」「滅諦」「道諦」。簡單摘要這個開示的意義如下：一切生命都充滿了苦痛，執著或欲望就是集結苦痛的根源；滅息苦痛的證悟境界是有可能做到的；而有一種道路方法能幫助我們脫離這無盡的輪迴。
⑪ 原注：進一步的細節請參考本書〈名詞解釋〉。
⑫ 原注：進一步的細節請參考本書〈名詞解釋〉。
⑬ 原注：英文原著於一九七三年由香巴拉出版社印行。譯注：在台灣已有中文版上市，由橡樹林出版社發行。

本初的那一點

第四章　宇宙的噴嚏

每當我們的覺受之間有個交接處時，那本初的一點就會出現。在我們經驗到熱或冷、好或壞之前，有一個交接處，這裡會出現那本初的一點。這本初的一點對於是東還是西並沒有什麼偏見；因此，它是不受制約的。它是人類存在的一個標記，也是人性這個重大課題的一個標記。在這個課題出現之前的，就是這「一點」。就比如你聽到一聲巨響，而那聽起來像是加農砲的爆破聲。你聽到這個巨響，於是你開始疑惑，到底這聲巨響是要置你於死地、還是要與你一同歡慶。你根本無從得知。通常，它什麼都不是。它只是一聲巨響。

身為人類，我們擁有巨大的結合力，這也是將我們連接在一起的巨大力量。既然已經發現到我們都是正直的人類，我們就可以準備進行更進一步的探索。無論我們是否已經從落日世界的病態與腐敗情形中解放出來，我們都要來發掘東方大日的景象。

香巴拉訓練是一種文化情況的研究——這裡所指並非要去研究另一種語言或生活習慣，而是學習人類應當如何言行舉止。我們都有腦袋與肩膀；也都擁有感官知覺與各種知識。我們可以獨立作業，也能夠與他人溝通。我們全都備有頭腦與心胸，也因此可以同時知識豐富並且

柔軟溫和。我們有能力成為冷酷嚴厲的人，也有辦法成為柔和慈愛的人。我們可以覺得高興，也能夠感到悲傷。

我們通常覺得這些人類的特性是理所當然會有的，或者我們甚至也會認為它們還真礙手礙腳。人們常會說要忍住自己的淚水，然而身為人類，我們應該要自豪能夠悲傷與快樂的能耐。我們不應忽視生而為人的稀有難得，也不應視其為理所當然。能夠如此是極為珍貴且非常具有影響力的。我們不能忽視人類的基本天資。然而，這並非上天所賜、亦非自行努力就可獲得。這僅只是基本的存在，而我們具足之。這也就是我們所知本初的一點。

這本初的一點是每個人所具備的基本清淨與良善。它是不受制約的；這也是何以它被稱為本初的原因。這「一點」不受習氣的汙染，也離於教育訓練的影響。它非關我們兒時養育的過程，也離於每日生活掙扎中的嘗試錯誤經歷。這本初的一點是所有事物的來源，它自己並沒有源頭。對於究竟是先有母雞、還是先有雞蛋，我們大可以說，無法分辨誰先誰後。或者，在這裡，我們也可以說，誰都不是先出現的那個。這一點甚至不是「一」（one）。它是「零」（zero）。

不受制約的本初良善

我們得學著用不同的方式思考。你也知道，事物並非都是被製造出來的。究竟來說，並沒有所謂的設計者（artificer）。請容我這麼說，那種想法正是一些人可能會有的神學偏見。但**的確有**一些情況是根本非由任何人所造成的。當我們試著想來描述這「一點」時，我們就得說

些什麼，而這就讓它聽起來像是真的存在似的。然而，就算是**存在**這個字眼也是不恰當的。所以，我們將這一點稱之為「不受制約的」。它超越我們的**概念**，甚至根本在我們還沒構想出**我**和**是**以前就出現了。這本初的一點就是基本的**這一點**，清淨無染，也因而良善。在這裡，**良善**指的是無條件的良善，離於好壞與善惡的分別。它是我們所具有的獨特而不凡、清新而基本的情況，也是勇士精神的要素所在、人類的精髓之處。這就是不受制約的本初良善。

我們之所以稱它為**一點**，是因為它出現得非常突如其來，就在當下。就算用各種的科學檢驗或阿法波儀器也無法追蹤。它就是一點，恆常出現的一點。在我們無法肯定的時候，它便會出現。當你極為高速地駕駛、並看到前方有個交叉路口，而你無法確定應該往哪兒開的時候，在這個間斷的當兒，這一點就出現了。之後就出現了後念：「右轉」或「左轉」，或是「我得猜猜看」。這一點出現在你覺得傷心而疑惑「我是要放聲大哭、還是該忍住淚水？」之時。這一點出現在你看見一個人時。「我該皺眉頭、還是要微笑？」，就在那猶豫不決的時刻，這一點就出現了。這就是人類的情況，從不會明白告訴你，到底該怎麼做。

當人類處於是東還是西的交會點時，這被稱為挑戰。也因此，我們曾經提過，這本初的一點就是毫無畏懼的來源，也是害怕或恐懼的來源。有時你發現這「一點」讓人毫無緣由地茫然若失；有時你又發現它讓你變得英勇驍戰，沒有人知道這恐懼或勇氣究竟是從何而來。這幾乎就像是嬰兒所經驗的層次，而不是任何形而上或有條件的情況。

它就像是趕著去淋浴才發現水是冷或熱地那般簡單。水的溫度並不是你的心智狀態。洗冷水就是洗冷水，洗熱水就是洗熱水。它從何而來？它是十分直接的。那不受制約的良善，也就是那本初的一點，乃離於各種神經衰弱症。這是百分之兩百的真理。就是這樣！是冷還是熱，根本不是什麼神經衰弱症的產物。

如果你試著想用邏輯來解讀我所說的這些，那幾乎是不可能的。心是如此地變化無常，猶如強風中飄揚的旗幟。就在你忽然停下的當兒，那本初的一點就出現了，用各種不同的型態出現，或是確認、或是猶豫，以及其他種種。好比在軍隊行進的隊伍當中，訓練的士官大聲喊道：「步兵某某連……！」那本初的一點於焉出現。接著，士官可能會喊道：「向左轉——走！」這是在那一點出現之後所發生的事。而它可以是任何一種口令：「步兵某某連……立正！」、「步兵某某連……立定！」。

當鑼聲響起而你開始要入座禪修時、當你結束一座禪修而鑼聲響起時，那本初的一點就出現了。當你早晨起床正要喝一杯咖啡、而你不確定它是不是夠甜、或奶精加得夠不夠多，到底是熱的還是冷的，當你把咖啡杯拿起來以便就口時、當你的雙唇顫抖並微微向前要碰到咖啡杯時——就在此時此刻，那本初的一點就出現了。它就是人性與勇士精神的要素所在。

每當我們的覺受之間有個交接處時，那本初的一點就會出現。在我們經驗到熱或冷、好或壞之前，有一個交接處，這裡會出現那本初的一點。這本初的一點對於是東還是西並沒有什麼偏見；因此，它是不

受制約的。它是人類存在的一個標記,也是人性這個重大課題的一個標記。在這個課題出現之前的,就是這「一點」。就比如你聽到一聲巨響,而那聽起來像是加農砲的爆破聲。你聽到這個巨響,於是你開始疑惑,到底這聲巨響是要置你於死地、還是要與你一同歡慶。你根本無從得知。通常,它什麼都不是。它只是一聲巨響。

　　這「一點」是個開始。你能不能想到什麼別的方式來形容它呢?噗通一聲?砰地一擊?猛然一撞?在它出現之後,你要用以上任何的形容詞都可以。它就是「一點」,去接觸就對了。特別就像是我們在英文裡所說的「現在」(NOW)一般。**現在。此刻**(Here)。如果你高興的話,你可以說「一點」,你也可以說「砰」(BANG)。視覺上來說,它是一點;聽覺上來說,它或許是砰的一聲。迅速、準確而精密。如果我們追溯佛教的傳統就會發現,有一種所謂「點字」的名相,梵文的音是「必甲」(bija)。舉例來說,「嗡」(om)、「啊」(ah)、「吽」(hum)這三個種子字即是所稱的「點字咒」(bija mantras)。這些點,或是點字,是一種擬聲用法,只是一聲大叫,一個宇宙的噴嚏。至於你是否相信在我們心中有如此本初的一點,這是非關信仰的。這並不是有人把你教會而因此你相信了的東西。以這「一點」來說,你是能體會到它的。因此,它是值得信任的。它一直就都是這一點。一直都是。你不可能有很多點;否則,它就變成是相對存在的一點了。

自利利他

　　在體會到自己本初的那一點之後,你便能將之融入於勇士精神的

修持裡，也就是香巴拉之旅當中。當你將那一點與修持互相融合之後，你就會知道最佳的言行舉止方式。那本初的一點是精髓或力量所在，但光是靠它自己，並無法有什麼特別的幫助或傷害。它只個潛能而已。你是有你的膽子；你是有你的心地；你是有你的頭腦。然而你卻對自己說：「擁有這麼棒的頭腦、這麼好的心地、這麼棒的膽子，我要拿它們來做什麼呢？」如果你沒有道路可依、旅途可循，你是做不了什麼事的。所以，在這裡就要談到幫助他人與修養自身。當你生起了憐憫之心，對自己與他人有了同情的態度，並且願意做一位真誠的人，接著那本初的一點，就會變得有點像是條件式的本初一點。於是你有了道路可依；也有了旅途可循。

香巴拉訓練的道路與修持，就是要將這本初的一點培養成具有創意的情境。我們其實不應該說是要來「培養」這一點，而可以說我們**擁有**這一點；因此，我們可以善加利用之，但沒法培養它。它早在很久以前就培養出來了。我們擁有了它，接著便是我們要拿它來做什麼的問題了。當我們睜開雙眼，首先看到的是地平線。我們看見光明。相同地，在體驗了那一點之後，我們感到一陣清新的微風拂面而過，接著我們就可以進行下一步了。經由接下來的勇士訓練過程，這「第一點」會變得很有助益，可以做為令自己與他人覺醒的方法。

信任這「一點」的意思是，你必須要實際與這不受制約的狀態做朋友。它會激發你想要拯救自己與他人的意願，讓自己與他人都不再受苦、困惑與暗迷。這就像是佛法中對菩薩的看法：你要心存慈善並樂於助人。你可不是要來打瞌睡的，你要運用你對這本初一點的直接了

解來幫助他人。為了要這麼做，你就得相信自在、或說是解脫。沒有人真的對這本初的一點是渾然不覺、全然不知的。

每個人至少都曾經對這本初的一點、有些迅速而短暫的輕微一瞥。所以沒有人是無可救藥的，這是我們必須要了解的。而這「一點」是個潛能，可以做出**任何事情**。解脫自在則是一條道路，與這「一點」相輔相成、並運用那個潛能。**自在**即是對於這「一點」的清淨體驗，而自在的**狀態**則是由此而生的行動。自在是第一個火花、第一個念頭，而那個**狀態**則是第二個念頭。勇士精神中對於真誠、正直與良善的要求，以及標準的抬頭挺胸姿態，都能帶領我們與他人共同努力。在此處，基本的良善已經不再是個理論或道德上的**概念**而已。它是直接而親身的體會。因此，我們便能夠相信，整個落日世界是可以被解除的。

那本初的一點全然沒有任何的偏見；它是沒有導向的。因此，我們可以與人們、包括自己在內，來進行連結。在我們逐漸進步當中，會領悟到這裡所教導的是這麼地真實，與實際的真相接近得多了。或許一開始的確有些假裝或詐騙的成分，乃是用我們的願力來喚起潛在的勇士精神。但是當我們有所進步時，我們便會見證到它的真正魔力、那當下所顯現出來的魔力：我們知道值得身為人類。這時我們就再也無法往後一躺、跟自己說：「真是令人安慰啊！既然我已經知道了這本初的一點，那我就可以輕鬆了。」事實不然，我們進一步開展自我以便幫助他人的抱負。我們稱呼自己為包尿布專員、收垃圾的人、打掃清潔工、計程車司機──各種服務人性的勞工。

或許你比我還更清楚知道，這個世界需要極大的幫助。每個人都

有些問題要處理。有時人們假裝他們並沒有困難，但是依舊存在著極大的痛苦與艱難。每個人、隨時隨地，都在受苦，都有很多苦楚。我們不應只救自己、而不顧他人。否則便會是一種極大的罪行。事實上，我們也**不能**只救自己，因為處處都聽得到左鄰右舍的悲嘆與呻吟。所以即使我們真的只救自己，依然無法安然入眠。世界上所有其他人的痛苦，將會把我們從睡夢中叫醒。

我不認為去幫助別人會有什麼特別的問題。去做就對了。多給自己一些壓力、要自己去做。有時你發現你一點兒也不喜歡那些你正要幫忙的人。不過，如果你能往那外表裡面去看看，你會看到，事實上這些人還滿可愛的。他們的確具有那本初的一點。當你剛開始跟他們說話時，或許你會發現他們簡直是令人不解、甚至是惹人討厭。就算拿著十英尺的竿子你也不想用它來碰他們。但是，漸漸地，你的竿子愈來愈短。你開始忽然注意到些什麼；你甚至可能會開始喜歡他們。這裡的重點在於，你必須多加要求自己些，那就不會有什麼問題了。

相信你的那「一點」

或許你正在幫助一個完全無法令人信任的人，那也沒什麼關係。信任的開端在於對自己的信任，相信你的那「一點」，以及你所做的誓言。你得要努力並直接地幫助他人，就連清除他們的嘔吐穢物也不戴上塑膠手套。你並不是像一個雇主在約見可能的雇員那般，還得決定要錄用哪一位。我們就是要去幫助他人，無論他們的工作能力如何皆然。工作能力不是我們特定的參考項目。重點是要針對需求而一視同

仁地對待所有的人，包括自己與他人。當我們說要幫助他人時，我們所說的就是要從幫助**自身**開始。如果我們準備好要幫助他人，究竟是**誰**來讓我們幫助並無關緊要。你得這麼做、你能這麼做，你也該這麼做，因為我們都有那稱做基本良善的特別傾向。我們對於各種情境都具有初念的火花。我們在幫助他人方面，已有高度而良好的裝備了。

　　對於自在解脫的信任，乃是來自我們對於自己那本初一點的有所信服。對於那本初一點的體驗，也同時帶來了不可思議性，讓我們不會因世界上那些令人無能為力的苦痛而如此難受。我們不會全然崩潰，而是保持抬頭挺胸的姿態，以便我們有能力去幫助他人。而領悟上述這一切的實際方法，就是經由座上禪修。如果沒有禪修的經歷，你可能無法了解我在說些什麼。禪修可以幫助你來領會、你之所以在這世界上的目的與緣由。修持能夠幫助我們回答一部分的問題，雖然它同時也會留下許多未解的問題。而在這有所解答與無法確定的交會處，便是我們要努力的所在。

第五章　四季的規律

　　有些時候是要有所限制。有些時候則要有所開放。也有一些時間要來歡慶。其他時間則要實際應用並有所做為。大自然的基本體制就是這般地運行著，香巴拉王國的遠見也是基於這些原則。

　　香巴拉對於捨離的看法就是要離於所有型態的懶散。當香巴拉的學生發現他們得要全天候保持清醒觀照時，有時會希望能夠在此處或彼處稍加休息一下，就讓自己沉溺或放縱於負面的感受中。有時他們會想：「在過去那些好日子裡，我已經慣於任意而為，甚至可以自豪於我的自貶行為。」然而，這種想把自己降級到次人一等的作法，就是我們要捨離的東西。

　　我們之前已經討論過幫助他人的重要性了。幫助他人也會啟發我們進一步去幫助自己，捨離落日世界的神經質言行。其後，那些他人所沉溺的神經質言行就不再是我們的參考項目、也不再對我們有所誘惑。當我們了解自己的基本良善，就獲得了某種防護，使我們免於沉淪下三道①。而在體驗了那本初的一點之後，我們也知道自身已經具有全副裝備可以幫助自己與他人。當然，隨時隨地保持觀照與警覺是滿困難的，或許還是會有些誘惑。因此，關鍵就在於要捨離。然而，捨

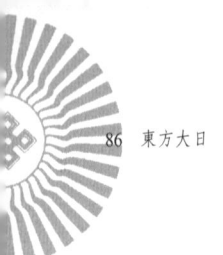

離並不是要我們回到陰暗的地帶，反而是一種歡慶。這是一種對於基本良善的喜悅之體驗，也就由此帶來了捨離。

真誠是真正的謙遜

在落日世界裡，由於抓不到重點而造成了極大的自我毀滅與不斷的痛苦。落日的運作邏輯乃基於要去培養愉悅，表面上看起來是這樣的；然而其最終的產物卻是，似乎有所愉悅、實際卻在受苦。落日世界的景象乃來自沉溺於自己的感官當中。那種毫無憂慮而漫不經心的樣子，要麼就是因為太有錢、要麼就是因為太沒錢，或者只是因為無心管事。由於自暴自棄，你跑進了最近的一家娛樂商場，然而你出來的時候卻是一張臭臉。沒有什麼東西真的讓你覺得愉快，而你也滿腹失望地離去。在佛教的典籍中，對於**輪迴**或說是有條件的存在，其本性方面的論述相當多，同時也詳加說明了何以放縱自我與自我稱頌所帶來的痛苦，會遠超過任何自以為是的愉快。因此，在發展出離心的過程當中，去探究落日世界的取向是絕對必要的。對於落日世界的了解，能帶來進一步的啟發，使我們願意去幫助他人，並且更進一步地連結到我們那本初的一點。

藉由座上禪修，可以讓人對生活中的觀照與覺察有良好的訓練。你會變得十分敏銳而精確，自然地提高警覺，非常地追根究柢、也頗具有影響力。你對落日世界的神經質行徑了然於胸。儘管看清了它的謬誤，你卻也不因此對落日世界的人們有絲毫憤慨之心，也沒有所謂高人一等的姿態。反倒是，你由於對落日世界的了解而願意去做些什

麼。在幫助他人與自己的時候，你必須樂意去弄髒自己、惹一身塵埃。你願意全然來經歷整個情況，好比是身為一位醫師。做為一個醫師，你並不需要被病人傳染才能幫助他們，同時，這位醫師也願意把病人從裡到外地仔細檢查，又從外到裡地找出毛病，並且試著為他們治療。

當然，這當中可能會有些危險。你可別採用落日的觀點、也別參與那些沉溺的言行；但是另一方面，你同時也別變得傲慢。你不能認為：「我們是東方大日的子民，所以我們才不要碰你們呢。」若能看清在幫助他人之中，何以可能會生起傲慢之心，便帶來了謙遜之心。謙遜，簡單來說，即是沒有傲慢。當一個人不再傲慢的時候，就可以與整個世界平起平坐，沒有所謂高人一等的姿態。也由於這樣，才能有真誠的交流。沒有人會利用言談來貶損他人，也沒有人得要降低自己的身份或抬高自己的地位，才能與他人平起平坐。每件事都是可以直眼平視的。

在香巴拉的傳統裡，謙遜同時也帶著某種愛玩的性質，也就是幽默感。剛開始時，與他人溝通或許有些平淡無趣，但雙方之間的幽默感總是在角落邊上伺機而動。若是不想淡而無味地處理的話，你或許得要從左到右、從上到下地掃瞄一番，以便看看是否有些你可以溝通的地方。這裡所說的謙遜與天主教所說的謙卑稍稍有些不同。在大部分的宗教傳統中，人們之所以感到謙卑是因為害怕受罰、受苦與原罪。而在香巴拉的世界裡，你會感到充滿活力，你覺得健康而舒適。事實上，你還覺得自豪。因此，你感到謙遜。這是一種香巴拉的相對

法，或者也可以說是一種二分法。

　　真正的謙遜就是真誠，那甚至不是誠實。誠實隱含著一種對於懲罰或負面性的曲解——由於你抽到欺瞞的牌子，也放入了口袋，所以現在你要抽出另一張稱做誠實的牌子。然而，真誠也只有一種，那就是從裡到外地做自己。在佛教中，想去幫助他人的意願，亦即我們所稱的**妙觀察**（discriminating awareness）②或是**般若智慧**（prajna）。這便是一般所說的敏銳。**明辨**（discriminating）在這裡並非是指趨善避惡，而是非常清楚地去看到光明與黑暗，也就是有戒律與無戒律的存在狀態。由於如此，一個人才能知道在個人經歷當中如何取捨。比方說，他不會再沉溺於落日世界的方式之中。他會避免去這麼做，並且擇取東方大日的勇士精神，不過，如何取捨的戒律並非是一己好惡愛恨的產物。

與自然規律契合

　　捨離可以為我們開展無限的空間。它告訴我們如何自處，並和一分為二及自相矛盾的事物相處。一方面是「一味」③（one taste）：我們必須跳入這個世界並且幫助他人，盡可能地犧牲小我。另一方面，我們必須保持純淨。只要我們的方向或是初念與那本初的一點契合相連，這兩者之間完全沒有什麼根本意義上的矛盾。由於我們以勇士的姿態來顯現那「一點」，自然就知道如何持守著隨時清醒、清楚而優雅的戒律。我們獲得了無比的勇氣，因而稱之為無所畏懼，於是便能來幫助他人並處理落日世界的事物。

這裡並沒有所謂落敗的勇士。要麼你就是個勇士，否則你就是個懦夫。當一個勇士失敗時，他對周遭的一切會變得愈加茫然若失，然後就不再是個勇士了，他甚至會怕自己的劍。另一方面，尚未成功也正是這位勇士進一步發掘勇氣的階梯；儒弱則提供了一切挑戰的可能性。當你成為勇士時，最先發現的就是無所畏懼的狀態。接下來，你將會發現那個巨大的障礙物，也就是儒弱。你感到無所適從，於是想要逃離現場。在此時，這位勇士應該要領悟到自身無所畏懼的本性，並且克服困難。如此一來，儒弱就變成了一個階梯，而不是把自己嚇得不知所措。這就是何以勇士是由懦夫而來的原因。

當一個人領悟到香巴拉智慧並不純然是人類概念的產物之後，更進一步的謙遜便會生起。當一個人能與自然的規律相互契合之時，便會發現香巴拉的世界。我們或許會抱怨夏天的炎熱與冬天的冰冷。不過，在心之深處，我們也知道夏天、冬天、秋天與春天是必然存在的。同樣地，大自然也有它的體制。在體制的原則當中，就有所謂的領導人物。我們很感謝能獲得智慧，也覺得自己是如此有福報，能學習香巴拉的戒律、建立師生之間的關係，並且發掘人類的體制。我們能夠參與香巴拉的世界；我們能夠規範自己的言行；我們能夠得到這些老師所提供的法教。這種如此自然的體制情境，讓人覺得幾乎像是由四季所組成的那般。

當冬天已然度過，春天就來了。事物開始解凍，我們也可以欣喜地感到這季節的些許溫暖微風。接著，當植物逐漸茁壯而花朵開始綻放，我們便開始欣賞到和煦的夏日，還帶點兒雨水和暴風雨。之後，

如果我們過於耽溺於此，秋天就出現了，它會阻止我們繼續縱情於夏日。為了安然度過年尾，我們必須能夠五穀豐收。於是，我們努力耕作而於秋天收成，此時夏日最後一道光熱也轉變成了冬天的冰冷。有時日子會變得太冷。然而，看得到冰柱、雪花與積雪也是有助益的。

這讓我們可以詳加思索我們的生活。當然，我們也不可能永遠被冬天所禁閉。春天還會再來，接下來是夏天、秋天，然後冬天又再度出現。

四季中有大自然的四種體制——限制、開展、歡慶、實用——接著又再次限制。事實上，對於任何一個政府或任何一種組織的功能，都可以用同樣的方法來敘述。一個組織必須要有像是冬天那般的限制功能。比方說，在香巴拉的組織當中，當我們坐在禪修坐墊上時，對雙腳與脊背來說，或許是滿痛苦的。在這坐墊之上有種像是冬天般的嚴酷，不過我們還是有辦法度過的。接著，在禪坐之後，我們或許會聚集一堂來進行小組討論，於是我們也開始解凍。在此時我們經歷著春天，也融化了背部的僵硬與足部的痠痛。然後我們進行夏日的歡慶；分享我們的智慧並共同努力。在夏日的歡慶之後，我們回顧自己的所作所為，是為秋日的收成階段。我們十分地忙於評估，也覺得如此美好，直到最後，我們又回到了冬天的蒲團上④。

有些時候是要有所限制，有些時候則要有所開放，也有一些時間要來歡慶，其他時間則要實際應用並有所作為。大自然的基本體制就是這般地運行著，香巴拉王國的遠見也是基於這些原則。相反地，如果可能的話，一個民主社會就可能會投票表決要除去冬天；某些政治系

統說不定還希望只要冬天就好，或是同樣的道理，春天、夏天、還是秋天，一種季節就好。顯然地，他們並不是真的在改變季節，可真是上天保佑。但整個社會卻刻意地毫不考慮到大自然的秩序或律則，結果就造成一片混亂。早期的共產主義就嘗試要終年維護冬天的限制性，同時還要獲得秋日的生產性。當那些社會開始生產出愈來愈多的實質物品時，共產主義者就想要終年擁有夏日。資本主義國家，像是美國這個社會，則希望隨時能有夏日的歡慶，再加上一抹秋日的生產性。其他的自由主義政治系統，或是稍微左翼、或是稍微右傾，可能隨時都想要擁有春天的冰融過程。在這種情況下，社會就會顧及每件事物，因此會有稍許即將到來的夏日歡慶，但基本上是以脫離冬天的嚴酷為主要的參考項目。在特定的時間之內，上述各種體系都是可行的，正如四季的每一季都在一年當中的某些時刻運行一般。但是沒有一種體系能夠實行長達十年都不出問題，甚至不到一年就不行了。

放開心胸、當下反應

　　大自然的秩序體制就是，人們應該知足常樂，享用所獲得的、並且得到所應得的。同時，你的成長也是會受到嘉許的。你不能老是當個嬰兒或是一輩子都作青少年，而大自然的體制與捨離也是相關的，因此人們就必須服從某種戒律的制度。我們也必須要與四季共事，這是相當真確的。有些人認為，如果他們喜歡夏季的天氣，那麼能飛到世界各處正值夏季的地方，就是一件很棒的事情。當北方變得太冷時，他們就往南方去避寒。當南方變得太熱時，他們就回到北方。這

是外行人的行徑，也是暴發戶的心態。根據香巴拉的原則，我們必須深植於這個大地：我們必須留在目前所在的地方，並善用目前所有的事物。

在香巴拉的傳統中，與妙觀察智慧有關的就是，我們要重視自己的職業或專業，因為它表示我們的獨特能力，也是經濟來源或生活所依，更是我們幫助周遭他人的方法。所以我們不應經常變換職業，而是要去專職於最佳能力的所在之處。如果你是個作家，就繼續當個作家；如果你是珠寶商，就繼續當珠寶商；要是你是個演員，就還是當個演員。我們自豪於個人的種種資源，因為它們來自我們的本初之點。我們被賦予特定的能力與方式來表達自我。我們生而具有這些特定的能耐，所以也要固守之。

某種程度來說，這可需要極大的出離心。時常變換工作是件多麼誘人的事。這裡做五年、那裡做六年、這邊再十年、那邊再三年，換東換西，跑南跑北。如果你追求這種心態到了極端的地步，到最後你就會變成靠著行李箱過日子、到處遊走、來來回回、一事無成、遇人無數，甚至在這些人早就忘了你的名字之後，你還寫信敘舊。你成了一位不怎麼對勁的流浪者，既不像是修行僧，也不像是托鉢僧。反倒是，你失去了自己的基地，你也沒什麼真正的職業。

落日世界對此是予以嘉許的。你恰巧碰到一個做生意的機會，再加上好運連連，就可以在幾年之內賺進百萬大鈔。你完完全全被寵壞了。而當經濟情況改變、你的產品市場不再、潮流變成別種東西時，你就會經歷到極度的低潮。或者別人的主意硬是好過你的，你那百萬

大鈔就沒了。你變得身無分文、毫無士氣。你的勇士精神也不復存在。現在你又回到了原點，試著想出別的好辦法。你是如此地被寵壞了。如果你繼續這樣下去，你終將變成這個腐敗世界裡的一個餓鬼。

當然，或許你有辦法成功地繼續重建你的世界，而且益加富有。但是同時之間，你也失去了你的尊嚴。你並不尊重自己；你也不重視神聖；隨著時間流逝，無論是鐘點、還是月份，你不斷地向下沉淪。由於過度富有的壓力與憂鬱，你很快地衰老。我們應要領悟並認識這些落日世界的傾向。如果我們尊重大自然的體制，我們就會發現世界有所秩序、也自有規章，使我們既不耽溺、也非不耽溺地，而是放開心胸、當下反應，並且具有完整的規範。

問：如果真有的話，不知道香巴拉的政府是否有個機制（constitution）？

答：當然，它會有個機制。如果你探究四季，它們就有個非常複雜的機制。如果你研究人心，它也有個機制。佛教的心理學，或說「阿毗達摩」⑤，十分詳盡地描述人心如何運作，以及用來對治它各個層次的方法。不過在香巴拉的世界中，機制似乎並不是重點所在。重點乃在於當下情境的自然機制（organicness）。

問：那麼，所以是情境本身在決定形式，而不是社會要來套用什麼特定的形式？

答：對的，大概就像是這樣。舉例來說，我們今晚在這裡得把燈

打開。要是我們不開燈,就會變得太暗、不方便講課。但是我們也不會每個人通通都去開燈,我們指定某人去開燈就好了。我們都同意現在是晚上,這個廳堂若不開燈、就會暗得不能上課,所以需要燈光。某人因受指示就去開燈,對大家來說,這就是一種機制。

---

① 譯注:「下三道」指的是欲界六道輪迴中的畜生道、餓鬼道與地獄道。作者在第十一章裡將會談到「上三道」,也就是天道、阿修羅道與人道。

② 譯注:「妙觀察智」為五方佛智之一,乃西方阿彌陀佛所代表的智慧,其他為東方不動佛的「大圓鏡智」(第六章將會談到)、南方寶佛的「平等覺智」、北方不空成就佛的「成所作智」與中央大日如來的「法界體性智」。

③ 譯注:「一味」可以代表如來法教之理趣乃唯一無二,也是藏傳佛教中「大手印」修持的四個次第之一。

④ 原注:作者在此所描述的是一個香巴拉禪修中心所舉行的典型活動內容,可能包括四季的不同風貌,也可能是在描述香巴拉訓練或是其他香巴拉組織所主辦的活動。不過,這些原則都可以用來形容任何一個組織或政府的功能性,就像他隨後所指出的一般。

⑤ 原注:字義上來說,梵文「阿毗達摩」的意思是「特別的法教」,代表最早期佛教哲理與心理學的相關論著,內容編纂並闡述了佛陀與其大弟子們所開示的各種概念。譯注:「三藏」便是經、律、論,論藏亦即「阿毗達摩」。

第六章　大圓鏡智

當我親身來到西方世界時，遇到了大大小小、各種樣式的時鐘發明人，以及其他能夠做出令人驚奇事物的機器製造者——例如飛機與汽車的創始人。我因而發現，在西方，儘管沒有太多的智慧，知識倒是十分豐富。

我們的基本主題仍然是那本初的一點。就從那一點，廣大的虛空出現晨曦，也就是說，偉大的遠景因而生起並且延伸。信任來自於此，必要的捨離也由這個信任而生。由於捨離，我們才能變得**勇敢**，而這就是「放手」的準則。

在一般人的想法中，**放手**的意義就是毫無顧忌並且放棄任何的戒律，它也意謂著放蕩不羈或不再拘謹，甚至也可能包括要去反叛我們所被教導的種種社會常理，不管是新教派的還是東正派猶太教的道德觀念。以目前的天主教派來說，有些修道院過去以來的傳統也變得比較不那麼正式。舉例而言，現在的神父可能不再使用告解室來聽人們懺悔。修士與修女除了不穿僧袍、而穿一般的服裝之外，他們甚至會穿牛仔褲。神父們可能不再於奉獻的神壇上進行彌撒，而是到教堂中央舉行儀式。他們現在也不再以拉丁文來祈禱，而是使用當地母語的

口語化語言。教堂裡也可能不再彈奏管風琴，而是邀請爵士歌手來表演自己的歌曲以做為祈禱。

而香巴拉對於「放手」的作法，則比較像是以拉丁文或梵文來進行一場高竿而流利的對話，或者也可以說是以極多的情感來適切使用英文說話的方式。「放手」是一種語言的豐富表達，也是一種莊嚴存在的表現。配合著放鬆而可用的身軀，便是融合了深究而開放的心之一種高度監控的覺察。這些都是「放手」的表現。

香巴拉的教養

以上所說的「放手」內容，完全不是**我一人**所可以整合出來的。我不會把它說成是我的功勞，我也不該這麼做。這純粹是來自我之所以能夠成為一個香巴拉人的教養背景。我從小生長在西藏的寺廟中，也受到非常嚴格的教養。在五歲的時候，我就開始研讀佛經、學習認字與寫字，並且思考。當我在學字母時，我的老師要我坐好。老師告訴我，如果在背誦字母時還彎腰駝背或找東西來靠背的話，那是很不好的。他還說，我寫出來的字會跟我的坐姿一樣，所以我不應該背靠座椅。他又警告我，如果我坐得不夠直，我的發音也會一樣糟糕。他說道：「坐好，你要直挺挺地讀書，也要直挺挺地寫字。」

如果我想中途休息，那是從來不被允許的，不管是多麼短暫的休息都不可以。各種的出神或藉口都會被攔腰截下。我有一位專屬家教老師（親教師），所以我是整間教室裡唯一的學生，根本沒別的同學可以讓我比對筆記、或是做為參考。要是在美國，如果你被置於相同

的處境之下，我想你大概會認為這簡直是拷打的刑房。但是我從五歲起，就這麼過生活並且與我的周遭相安無事。我一點兒都不認為親教師的嚴厲是一種脅迫，而在我心深處的某個地方，也深深領悟到這種對一個五歲男孩的嚴格教育及訓練，的確有其正當之處。

我的親教師就像是我的父母一般。他隨時會注意我的一切：包括幫我穿衣服、餵我吃東西，他甚至會陪我上廁所，這實在是有點兒讓我感到難以喘息（claustrophobic）①——因為我本來希望能夠**有些**逃離的機會。全天候二十四小時的戒律。我的親教師還與我同房共寢。如果我咳得很厲害並且半夜醒來，他也會跟著警醒。他總是隨時待命，要給我喝茶、喝水，或是任何我需要的東西。所以他同時是盡職的僕人，也是超級不講道理的老師。他經常都是非常嚴格的，偶爾才會有些感性的表情出現。

以目前來看，這種教育方式已經非常少見了。我猜在西方世界裡最接近的方式，可能就是英國的公立學校系統，但就算是那個制度，現在也已經比以前放鬆多了。不管怎麼看，這類教育方式都有些不近人情、還帶點維多利亞王朝的風格。在美國這個國家，這種教育小孩的制度是不存在的。

一九五〇年代與六〇年代的父母親都覺得，他們嚴謹的餐桌禮儀與紀律已經起不了什麼作用。那個時代的許多小孩子不僅拒絕遵循，而且成了革命份子或是嬉皮，不然就是做出各種古怪的事情。這些父母親感到要為此負責，並且認為是他們做得太差、沒有教養好自己的子女。更甚者，他們覺得自己趕不上時代，在現代世界中已經過於思

想陳舊、無法同步了。如果我可以輕描淡寫地用「改善」這個字眼來說的話，有些孩子後來有所改善、也重新與父母聯繫，所以老一輩就覺得好一些，因為這些孩子變得比較合情合理或是傳統保守得多。但是這些父母仍然認為自己做得很糟，因此他們其中有些人也跟著胡亂邋遢起來。他們放棄了早期所擁有的尊嚴，也學著不修邊幅。他們拒絕使用銀製吊燈，並且在後院拍賣時就賣掉他們的水晶杯子，還去購買塑膠餐具，那種不會破掉的東西。

我在西藏的成長過程中，對美國的生活方式與西方的做事風格覺得備受吸引。我認為西方人必然有一種非常精細的智慧與成規。他們知道如何打造飛機與複雜的機器，以及各種令人讚嘆的科學技術等。我認為若在機械世界中能擁有如此的智慧，那些機械的製造者也必定都有相近的個人規範。

十四歲那一年，我拿到生平的第一隻手錶。它是由英國出產的，我無可抗拒地把它打開、想看看裡面的構造如何。我將它完全分解，之後試著想將零件一一放回，但是它就再也不動了。後來又有人給我一只會報時的時鐘。那是另一位西藏老師、也是仁波切所給我的禮物，附帶一提的是，他就是我主要上師之一頂果欽哲仁波切的兄弟。在那只時鐘裡的所有東西都是那麼完美地牽動彼此，於是我決定把它拆開。我想要把時鐘裡的零件，與我之前分解的那隻手錶的機械零件，拿來比比看有什麼不同。於是我把兩組鐘錶零件一對一地排在一起，想要找出這些機械何以有用的原因，以及它們實際上如何互相牽動的方式。

當我把時鐘拆了之後,便知道先前分解手錶時究竟錯在哪裡,也因此成功地將時鐘零件重新組裝。事實上,我把兩個鐘錶都裝好了,還把它們都清得乾乾淨淨,後來它們走得比先前還棒,對此我感到相當自豪。基於鐘錶內那麼多小螺絲,每一個都得旋入定位的狀況,我認為西方世界必然有對微毫的精準、細節的深入與耐性**那些**戒律。我以為是某人手工製造出這些小東西的。在當時,理所當然地,我並不知道工廠的出現。我對這些感到印象深刻,也產生極大的崇敬。

之後,當我親身來到西方世界時,遇到了大大小小、各種樣式的時鐘發明人,以及其他能夠做出令人驚奇事物的機器製造者——例如飛機與汽車的創始人。我因而發現,在西方,儘管沒有太多的智慧,知識倒是十分豐富。更甚者,每件事物似乎都是立基於一種做為警告系統的想法。人們害怕受傷,甚至連外出沒穿上大衣與帽子就怕會感冒。尤其是英國人,不管是否雨天,出門一定要帶把傘。

看到恐懼能微笑

我第一次接觸西方世界是在英國,當時我就讀於牛津大學。在那時,我對西方勇敢精神的尊崇恐怕稍有削減,不過對精確精神仍然保留極大的崇敬。我在牛津以及英國其他地區碰到過許多學者,他們對梵文、佛學或自己的傳統都想要有非常精準的了解。我在牛津大學選讀了比較宗教學與當代基督教實修學的課程,那些內容比較是屬於技術導向而非智慧導向。只有一些耶穌會信徒讓我覺得是智慧導向的基督徒,他們也令人覺得非常有趣。他們主要的目的就是要將非基督徒

轉變為基督徒，我碰到的那些耶穌會信徒也想要把**我變**成基督徒，許多人還到過斯里蘭卡、印度或是其他亞洲地區。

第一位到達西藏的耶穌會使者，是在十八世紀、由當時的教宗所親派的。這位耶穌會教士被告知他首要的任務是學習當地語言，以便之後能與西藏人辯論並且贏過他們。事實上，他在事後還寫了一本書描述他的經歷。在那場辯論之後，沒有人變成基督徒。之所以沒有發生什麼變化的原因，在於他講到耶穌基督曾在死後再度復活。在西藏的傳統中，有一個特別的名詞是用來形容某個死後又再起的人，指的就是食屍鬼。很不幸地，這正是那位教士當時所用到的詞兒。因此，當他用它來解釋耶穌基督如何從墳墓中再起時，西藏人認為他所說的是要崇拜鬼神，這可把人們嚇壞了。

回到我們的重點就是，所謂的香巴拉訓練，實際上乃來自於老一輩的智慧，這是比剛剛所說那些五〇年代的父母親還要先前的老一輩。我們目前的養育方式和教育系統或許對培養勇氣來說，都有種種障礙。顯然地，我們也沒辦法完全不受教育或去除所受的教育。你也不必這麼做，但是你的思考模式得修改為香巴拉的觀點才行。也就是說，你不應該畏懼無知或愚蠢。

當我們討論捨離時，我們也談到不要怕落日世界的人們。這道理是相似的。勇氣的首要就是自豪，即便你已經忘記你學了些什麼。這是由於你不夠專注，你也不要因此慌張失措。當你能自我尊重時，就會找回你所忘記的東西。假設你忘記的是四十年前曾救你一命、你最好朋友的名字，你正在跟別人講述你的生平經歷，忽然之間，你的腦

袋一片空白，你不記得那個救你一命的人到底何名何姓。不要因為這突如其來的愚蠢或無知而手足無措，你遲早都一定會想起那個人的名字，除非你不肯「放手」。要是你繼續試著想要記起那個名字，說不定你會永遠就此遺忘。

因此，我們不應害怕自己的健忘。當你被什麼嚇到時，你必須與你自己的恐懼相處，去發掘何以自己會被嚇到，並生起某種信念。事實上，你可以好好看看你的恐懼，之後恐懼就不再是可以擊敗你的強勢對手了。恐懼是可以被征服的。一旦你領悟到恐懼並不是那個食人魔時，你就可以不再畏懼了。你可以踩在其上，也因此，你能夠成就所謂的無所畏懼。這裡所需要的是，當你看到恐懼時，你能微笑。

藏文裡的勇士是「帕渥」，意思是「一個勇敢的人」。如果你沒有適當地面對而處理情況，你有可能會傷到別人，而這是懦夫與性急的標記。人們一看到敵人就把他給殺了，只是因為他們覺得自己不想被干擾，而這是懶惰的標記；就因為人們這麼痛恨某人就想要讓他死，這便是無知的標記；或者是由於他們想把這個人打死，而這是侵犯的標記。一位勇士，一個「帕渥」，絕對不會做出這種事情。勇士要努力的對象是各種挑戰，這也是何以我們會有世界的原因。如果你把全世界的人都屠殺了，就沒有人可以讓你做些什麼了──包括你的愛人，也不會有人陪你遊戲或跳舞。

我希望這麼說來不會讓人覺得我很自傲，不過我真的覺得我所受過的訓練非常值得。我多麼地感謝我所有的上師與親教師，我對他們是全然地感激──至少是在此時！而香巴拉訓練的開設，就是因為我希

望藉此而提供各位一種盡可能類似的訓練。顯然地，你們每個人並不是都像我這樣有位指定的親教師會隨時跟著。要提供那樣的情境是有些困難的。但是，你可以成為自己的親教師，並且保持極高度的警覺——不是向外尋找危險，而是開展胸懷並且規範言行。

天地合一的鏡子法則

最後一個主題就是智慧，這與欣賞體制有關。一旦你發現到體制或是一種宇宙所共有的秩序之後，你就必須調整自己與之和諧。你得要讓自己隨時可用，並且與情勢調和。這是相當重要的。讓自己相和於香巴拉世界的體制，代表你願意以各種能耐，和落日的政治制度有所抗爭、或是去製造障礙，抑或至少是去改革它。我們並不是在說抗議遊行那類的事情。而是在你自己的生活情境中，你必須領悟並且抵抗落日世界對於整年冬季、終年夏日、全年秋天或是一年只有春暖的無理要求。你必須了解到僅有唯一尺度或一輩子只有一種季節所會引發的問題，然後再讓某種智慧系統進入你的存在狀態。

我們所說的是處理非常單純的情境，譬如與你的房東討論房租、跟你的銀行專員商研如何再貸一筆款、存錢在你的支票戶頭裡、再買一間房子、到超市裡購買貨物，或是處理你的除濕機。無論面對什麼情境，你都必須清楚知道，你所採取的每一步驟都是非常地可貴。你不可能在彈指之間就把這個世界變成東方大日的世界，只能一針一線、細細縫起。你要用哪種線、哪種針，以及如何把這些衣料縫在一起——這全都看你自己。

或許你會覺得這樣的心態真是小心眼,也幾乎不會有什麼效果出現。特別是當你對香巴拉的觀點十分熱衷時,你可能會相當急,認為這得花許多時間而且又沒什麼成效。但是事實並非如此。我們必須從原點逐步進行。隨時注意自己的周遭環境,包括你與房東的關係、雜貨店、公車、每一個所到之處、每一種習氣言行。一而再、再而三地看看這些人事物。你與外在世界共處的所有狀況,只要是這類的事情,你都必須全神貫注而詳盡無遺地見證與監督:包括你怎麼處置公寓裡的蟑螂、如何清理你的地板,甚至是沖馬桶的方式。你並不需要像我有那樣的親教師,所有上述的狀況都是你的親教師,它們也會傳遞出這樣的訊息。

智慧並不全然是知識的產物,你必須親自努力。這並不是件苦差事,但是它在某個程度上的確耗費精神,因為你必須隨時保持警覺。智慧的意思相當於我們之前在談捨離時所提到的般若,或說是妙觀察。我在此使用**智慧**這個字眼,是因為你所能獲得的東西,只能以提示的方式來傳達。只要你能領會這些提示,你就自然可以得到這個訊息。這就是智慧。

智慧是天地合一的。你帶著你的蒲團與蓆墊,也就是禪修的坐墊與鋪地的草蓆,以便進行禪坐修持。當鑼聲響起時,你和你的坐墊相合為一,這就是天地合一。以非常基本的層次來說,天地合一並非是要去做什麼決定,而是鏡子的法則。你所擁有的電燈或日光,是上天,而你所具足的身體、臉龐、一頭亂髮以及鬢毛──全都是大地。接著你有了鏡子,就能將天地合而為一。當你在日光中照鏡子時,你可

以好好地梳頭髮,也可以好好地刮鬍子。因此,智慧就是鏡子的法則②。

我與某人曾就《星際大戰》(Star Wars)這部電影有一段相當有趣的對話。在電影中有一句十分著名的台詞:「願力量與你同在。」這比較像是在說:「願能量與你同在。」這種心態一點兒也不科學,你只是採用某種特定的態度,而藉由這種態度,你便成就了所有事情。當我聽到這段電影台詞時,我相當興奮,因為這讓我想到可以如此呈現香巴拉的法則。那「一點」(相當於)力量。在這裡,如果你需要個提示物,那「一點」就可以當你的密碼。當你具足那「一點」時,你甚至是在情勢之上,而不是在交會處。想想虛空中的那「一點」,就是那「一點」。

只要誰能與那「一點」建立最終與最初的連結,便會是一個將天地合一的香巴拉國王或女皇。然而甚至不會有個國王,只會有那「一點」,那「一點」的國王。僅僅那個微小的黑點,就是香巴拉的國王。這是人們可以達成的,正如我們所說要成就的證悟一般。會有多少個佛陀呢?會有多少個香巴拉的國王與女皇呢?這兩件事所說的是一樣的。

我不認為這些國王或女皇之中,有哪一位會自己去除掉那「一點」,因為他們的那「一點」實際上是一幅書法,需要有紙、墨才能畫得出那「一點」。而這墨水與紙張就是香巴拉的主體,也是身戒律、意戒律、語戒律與三成就的所依。由於戒律的所依是存在的,因此,國王或統治者也存在。那「一點」是存在的,但卻不是人類所創的。

試著去實修並思索我們在這裡所討論的種種。在我們的談話當中，我已經盡可能地直話直說、誠實而真誠。這點你們都是知道的。我的心是如此柔和地對待大家。我愛你們。謝謝。

〈詩偈之二〉
美好早晨裡的早安

來自我的祖先，
由於我的戒律，
因為我的庭上，親教師與授戒師過去曾經對我如此嚴格——
您教我香巴拉之觀。
使我覺得無比感恩。
不讓我吸吮大拇指，
而教我要抬頭挺胸。
無預警地忽然爆發，
我被吹至異國冷地。
憑著您的遠見，我仍延續您所教授的戒律。

於此香巴拉五階訓練的第二堂課，
我想進一步舉杯敬賀所有的學生，以及他們的修持：
願我們都不吸吮習氣般的大拇指，

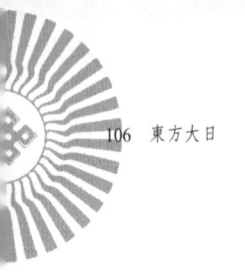

願我們高揚東方大日的至上旗幟。
無論這些是傳統還是獅國的傳說，
我們絕不放棄對世界的真誠關注。
且讓東方大日的光耀，
喚醒落日世界的沉溺。
願東方大日讓人領悟，
總是會有美好的早晨。

（寫於開示「大圓鏡智」的同一天）

---

① 譯注：原意是密閉空間恐懼症。
② 譯注：這裡所說的乃是本章標題「大圓鏡智」。在藏傳佛教的法會或壇城上，大多會有一面鏡子，其中有許多象徵意義，也與作者所說的相關。

第二部
光　耀

神聖的存在：天地合一

第七章　神聖性：大自然的律則與秩序

　　當你體會到的確有基本良善與自然規律的事實之後，你就會領悟到並無所謂天生的惡魔。根本沒有什麼生來即是惡魔的東西要來毀滅世界。相反地，你開始覺得你是受到大自然的秩序與常規所保護、滋潤，甚至是珍惜的。於是你就能夠對各種情境產生相當自然的反應。你對四季有所反應。你對色彩有所反應。你可以不斷地與實際存在的大自然之良善共處相和。

　　基本上，我的意圖在於讓全世界的人都可以接觸到香巴拉訓練，而不要求人們任何精神上或宗教上的誓約。唯一需要的誓約就是，一個人希望使自己生活優雅高尚的想望。為了能夠存活並且維護我們的優雅，以及，說得好聽一些，維護我們的傲慢，主要的考量之一應該是如何依我們所應得的那般，讓自己的生活過得完整而適切。我們可以選擇自信滿滿、無所畏懼、優雅高尚地過生活。明天就是萬聖節了。如果我們今天晚上能夠變得更加真誠，如此一來，就遠勝於在萬聖節裡，把自己精心打扮成像是另一個人那般。

值得擁有基本良善

　　再回來談談基本良善這個準則。基本良善何以是基本的？何以是良善的？我們並不是要棄惡揚善或是擇善固執。我們所談的是一種**非常基本**的良善，而它是**不受制約**的。不受制約的意思就是，這個良善是根本具有的。你不去排斥周遭的氣氛；也不去抗拒天空中的日、月、雲朵。你就這麼接受它們。天空是藍的。你有你的景觀；你有你的城市；也有你的生活。雲朵不是為你存在、也非與你相背。陽光不是為你存在、也非與你相背。根本上來說，沒有什麼東西是要來威脅你或是助長你。這就是根本的良善，亦即大自然的律則與秩序。

　　四季的發生並不會受制於任何人的需求或是選票的影響。沒有人能夠改變宇宙的系統。有白天；有夜晚。晚上時就會黑暗，白天時就有日光，沒有人得去把這種燈光開來關去。人類的生存端賴於這種基本良善的大自然律則與秩序——之所以良善是因為它既可靠、有效率、能作用，而且是一直如此。如果沒有四季，我們就無法生產穀物、不能耕種蔬菜、也沒有陽光可供舒坦。我們也無法享受在家烹煮的樂趣，因為根本就沒有食物可煮。我們通常把這些宇宙基本的律則與秩序視為理所當然，也許太多時間都是這樣。我們應要多加思索，珍惜我們所擁有的。沒有了這些，我們的情況將會困難重重。我們根本無法存活。

　　基本良善之所以**良善**就在於它是如此的基本、也**因而**良善，並非像善相對於惡那般。它的良善正因為它是有效的。這是一種自然的情境。同樣地，我們之所以存在也可以這麼說。我們具有熱情、憤怒、

也有癡妄。我們與朋友交往、向敵人抵抗，有時則是漠不關心。這種機制並不被視為人類的缺點，反而是人類的優雅與生而擁有的裝備之一部分。我們擁有一切必須的能力，以便我們不必與世界爭奪。這個世界並非就是憤怒與抱怨的來源，因此，它是好的，我們也是好的。我們總不能抱怨說自己何以會有眼、耳、鼻、口，也無法重新設計自己的生理系統。同樣地，我們更不能重新設計自己的心智狀態，何況它還是與生理系統一夥兒的。

我們有指甲與牙齒來抵禦外來的攻擊；也有嘴巴與生殖器官與他人建立關聯。幸運的是，我們還有小腸與結腸，以便食物可以再度循環：吃進去的、可以被沖出來。這些自然的狀況都很奇妙——事實上，也是很理想的。有些人或許會認為這是一種上天所賜的安排。或許吧。不過，對於那些一點兒也不在意上天安排的人來說，他們仍然得要與這些自然的狀況一同努力。

我們應該覺得能夠生於這個世界實在是一件美妙的事。我們可以看得見紅與黃、藍與綠、紫與黑，這是多麼棒啊！所有這些顏色都能讓我們運用。我們可以感覺到熱和冷。我們值得擁有這些東西；同時也**擁有**它們。基本良善也是我們所具有、所被賦予的，更是**每個人**從小到大、直到如今都擁有的自然狀況。根本上來說，所謂良善並不是指一般所說的那種好、不錯、好啊、好。它也不因此就是壞的。它就是不受制約的。

落日世界想要操控的就是將基本的善變成基本的惡，認為這個世界所有東西都是邪惡的，包括四季在內皆然，而每個人也都想把他人

摧毀。落日世界甚至還想廢除所謂創世紀這件事。根據基督教的傳統，上帝為了人類而盡可能地創造了所有的事物。落日世界則是個民主世界，老是在抱怨、也老在試著想重新設計上帝原先所創造的世界和宇宙其他的部分（除了週末或是休假等這些落日人們可以十分方便休息的時間之外）。然而，一旦你體會到的確有基本良善與自然規律的事實之後，你就會領悟到並無所謂天生的惡魔。根本沒有什麼生來即是惡魔的東西要來毀滅世界。相反地，你開始覺得你是受到大自然的秩序與常規所保護、滋潤，甚至是珍惜的。於是你就能夠對各種情境產生相當自然的反應。你對四季有所反應。你對色彩有所反應。你可以不斷地與實際存在的大自然之良善共處相和。

基本良善就是基本上為**它**；因此，就是良善的——並非與惡相對而因此為善。所以，與基本良善建立關係的第一步，就是要感激我們能夠擁有它，同時學著去運用知識來經營或維護這份良善。也就是說，我們要學著去擁有基本良善。儘管這並非我們的財產，但無論如何我們是擁有它的，我們也值得擁有。因此，我們信任這份基本良善，這也正是我們接下來要討論的主題。

信任是自在與放鬆

信任就是不會神經衰弱，信任也是自在的縮影，同時是理想中舒適的要素所在。再次要注意的是，我們所談的是某種非常基本的東西——在這裡，就是**基本**的信任。當你信任良善時，你就是在和真相建立連結：包括山石、樹木、綠葉、天空、大地、河流、火焰等在內，所

有在你周遭的事物。你可以相信藍色永遠都會是藍的，紅色永遠都會是紅的，而熱的一直都會是熱的，冷的也一直都會是冷的。信任也存在於較大的範圍上：你信任人類社會的法律與秩序，是因為你信任**大自然的律則與秩序**。

當你對大自然律則與秩序的信任進一步成長時，你會發現你不再需要額外的娛樂來讓你覺得舒服。你也不必再找些簡單、瑣碎而又平凡的東西，來讓自己不斷有事情可做。你可以就這麼純粹地放鬆。如此一來，信任就帶來了放鬆。當我們將真相視為理所當然之時，總是在尋找新的娛樂、新的想法、新的方式來殺時間、免無聊。等你對一個舊的信任感到無聊時，你就得去找一個新的信任。這就是落日取向的重點所在。對於你已經得到的東西，你覺得受夠了，這時你就去找點兒新鮮的。你離棄了老朋友、送走了舊裝備、丟掉了舊衣服，然後去弄來些新衣服、新設施、新朋友。以這種取向來行事的話，毫無忠誠可言、也無須盡力發揮。說不定你甚至會不想再理睬那些石頭與樹木、河流與山川、太陽與月亮。搞不好你還得搬到另一個星球去住。即使是這樣，哪一天你可能又覺得受夠了那個新的星球。那時你又該怎麼辦呢？

或許哪天、哪個人就真的想出可以完全改變四季的方法來。可能迪士尼樂園哪天就會這麼做了。毫無疑問地，你一定會付錢去看**那種景象**的。說不定他們還會在那個奇幻世界的上面蓋個大圓頂。就在夏天正熱的時候，他們可以創造出一個理想的冬天給你；而當冬天正冷的時候，他們就又創造出一個理想的夏天給你。人類可以**變得**如此詭計多

端。

　　與上述取向相反的方式就是要培養耐心①。在英文裡，**耐心**一般所指的是「等著看吧」「忍受等待」。在香巴拉的意涵中，耐心的意思是**處於彼刻**。就是單純地處於彼刻、一直地處於當下。這可不是指**如此痛苦地處於彼刻**。耐心只是純粹的持續性與可預期性。當你信任大自然的可預期性時，你就會有耐心，願意處於彼刻。這是非常直截了當而再自然不過的。就是處於彼刻。只是處於當下。

　　耐心將帶來喜悅。由於你領會到並不需要任何新鮮、新奇、特別的事情來做為娛樂，就能處於彼刻的當下，並且慶賀你所擁有的。你並不需要用新的對象來欣賞感恩，只要見證與經歷你所擁有的就夠好了。事實上，這是很棒的事情。我們所擁有的已經足夠，你不需要什麼額外的東西了。實際上，如此這般，會覺得更像是鬆了一口氣，而不只是喜悅的感覺，你同時感到身心康健。當你不再尋覓什麼替代品、或是比你現在所有的還更好的選擇時，你會覺得挺心滿意足的，這也就帶來了自然康健感與整體健全感。身心不健感乃是來自於不斷地尋覓替代方案。自然地，基本健康的滿足感就是去欣賞自己，以及我們已然擁有的事物。我們接受這整個天、地、人的世界。

　　香巴拉智慧對於這世界的神聖性與美好性是有所尊崇的。我們並不會試著要去改變天空的顏色。總是會有一堆可以把世界變得不同的各種小伎倆。或許你不想要藍色，而是喜歡來個紅色的天空，或者會想把你那米黃色的臥室塗成亮紅色。然而，你並不一定非得如此不可，你也不必因為無聊就去改變自己。你總不會對擁有雙眼感到受夠

了吧。要是你真的覺得有一個鼻子和兩個眼睛是件無聊的事，或許你會想把一個眼睛換成一個鼻子，或是來個雙唇在雙眼上。我們並不需要這麼做。你可以實際地接受你所擁有的東西，而那些是本來就很棒的東西。因此，喜悅的滿足感來自於耐心。

關注生活的神聖性

當你覺得滿意時，你就不會懶散，也因而可以盡力。離於懶散指的並不是要去搖晃開動什麼東西，那只是一種小心翼翼的狀態，絕對地謹慎嚴密。你不會把髒碗筷丟在水槽裡不管，這就是我們所說離於懶散的層次。你會收拾善後。你欣賞所有關於煮一頓飯、對待朋友的瑣碎細節——包括你的伴侶、雙親、手足在內——就連你對待銀行的專員、垃圾清潔工、等著你擦亮的那雙鞋、等著你燙平的那件衣服也包括在內。

在很多情況下，民主生活被視為純粹只是爭論不休。人們覺得自己的時間如此寶貴，而不願意將它花在民主的細節上。如果你覺得去做一份舉足輕重的工作比較高級，而家務瑣事則是低一等的話，那就是落日世界的取向。儘管你有能力負擔僱用一位管家的費用、並將他喚來使去、還要他幫你清理事物，但香巴拉訓練比較想做的，則是幫助你整頓自己的生活。這可不會因為你去請某人來幫你割除雜草、清洗衣物、油漆房子就可以辦到的，你得自己去做些這類事情才行。離於懶散的那種自在，並不會因為你不想自己清洗衣服，而花大把銀子將所有東西送去洗衣店解決了事，它之後就會出現。你把衣服送去給

別人洗，並且希望它們回來的時候可以乾乾淨淨——通常都不會是這樣。你用錢是買不到離於懶散的那種自在的。你必須實際地清理善後並且注意每個細節，並且親自去察看。這種取向可以幫你省下一大筆錢——當然這不是重點所在；而是讓你免於許多可能的落日狀態，並且由於小心謹愼而帶來眞誠的努力。既然你知道不會有人來幫你結算最後的成果；所以你就自己來做。

其後，儘管我們可能已經離於懶散並且能夠盡力，然而在這之外，我們仍舊存有一股懦弱或是一般性的焦慮感。我們對於如何去過日子、處理生活事務，以及與他人共處——包括朋友、情人、雙親，或是任何人，總是感到緊張兮兮。唯一能夠矯正這種神經兮兮狀態的方式，就是你要感到自己與周遭環境都是全然地包含於神聖性當中的。你並不只是平凡的施密特先生或是瓊斯小姐，而是爲了過個合理的生活而努力著。依照香巴拉的觀點，你是神聖的，你的周遭所有也是神聖的②。這種神聖性並不是來自宗教性的觀點。反倒是，由於你是如此地注意著你的環境，並關注著自己生活的種種細節與一般模式，因此，你周遭的環境與你所擁有的規範就是極爲神聖的。

一旦你對這種神聖性生起了信念或是信服感，之後，無論你在做什麼事情，你將發現會有各種不同的訊息不斷出現。當你注意到自己生活方式的一般狀態，或是種種細節時——每當你注意到基本的實相時——大自然便開始跟你說話。它會給你指令，因此你隨時都有一個大自然的參考點。無論是在一般的生活情況或是特別的生活事件當中，周遭環境以及自身存在永遠都會給你回饋。這就帶來了眞正的無畏。

無所畏懼即是不再懦弱。也就是說，懦弱或猶豫，是來自於追求速度、沒有處於當下、無法適切而完整地過生活。你錯失了許多細節，也錯失了整體觀。要改正這點，你就需要給無畏一個**空間**，而它來自於對自身存在的信念。基本上來說，無畏並不是一種獎勵或是目標，而是修行之旅的一部分。無畏與畏懼交替出現，而兩者皆是火焰的引信。你既緊張、又敏捷、會害怕，這就能有空間讓穩健、堅定與鎮靜隨後出現。因此畏懼與無畏是不斷交替出現的。

大自然的勝利

最終的產物就是大自然的勝利。緊張兮兮並不是個壞東西，它只是一種愈來愈痛、像是長牙般的那種苦痛。究竟上來說，從緊張兮兮那兒，我們會發現到，自己是穩健、鎮定而有知覺能力的，我們對細節也能覺察。同時，我們開始發掘到全然的基本良善。最後，這便讓我們了解到自由的真正意義。通常戒律會讓人覺得喘不過氣來。他們感到戒律是如此龐大而侵犯個人，覺得必須要來從事這種稱之為「戒律」的**東西**，這種感覺就能把原先存在的自發性與自由性給殺死。自由指的並非是人們可以去做任何他們想做的事情；但是當我們運用戒律時，也應覺得它是廣闊無限的，而非指定我們要拘泥唯一的觀點。接著我們就會感到自己真正擁有上天的世界、大地的世界，以及人類的世界。這讓人覺得如此寬廣。因此，我們對自己的修持感到愉悅，而非覺得自己被吸入一個窄小的管子中。

在學校裡人們要你做些事情時、在自家裡雙親要你做些事情時、

又或許是你正迷於別的心靈修持傳統時，大家總讓你覺得自己有罪惡感、也是個壞胚子。你被告知，唯有經過不斷的改正才是真正的學習之道。而在這學習之中，又包含著如此多的懲罰。你是個壞東西；所以，你最好乖一點。如果你拼字拼得很差，就會有人告訴你，你的拼字有多爛，你就要學習如何正確拼字；要是你無法在整場舞蹈表演裡，一直保持泰然自若的神情，就會有人說，你是多麼地笨拙。因此，你最好努力不懈才能成為一位好舞者。這種邏輯經常被用來教育人們，同時也大大地影響了你。

　　香巴拉的教育是一種沒有懲罰的教育，這是絕對的。已經有許多人試過這種方式，卻發現它相當困難。他們通常最後又把它搞成處罰人們的方式。這有點兒弔詭，但我認為它十分可行。我們有能力離於讚美與責備的心態。我們也能夠創造一個基本良善的世界，而在其中，所有的事物盡皆良善，沒有什麼東西是有害他人或問題重重的。做為開端的，就是一個良善清白的地方。接著，在這中間，你放個小點，也就是東方大日的良善暖黃③。這應該能讓你微笑。

---

① 譯注：這也是六波羅蜜多之一，包括「布施」（慷慨）（generosity）、「持戒」（規範）（discipline）、「忍辱」（耐心）（patience）、「精進」（盡力）（exertion/diligence）、「禪定」（meditation）、「智慧」（般若）（prajna/wisdom）。

② 譯注：在藏傳佛教中非常強調的一點就是「淨觀」，一切現象皆為本尊所顯，包括聲音、外相、事物、環境等，也因而所有都是神聖的。這也是藏傳佛教與佛教其他宗派很大的相異點之一。

③ 原注：作者在此所描述的清白又暖黃的東西，是學生在「香巴拉訓練」第五階段時所獲得的東方大日的別針徽章。

第八章　基本良善之王

　　由於我們知道何以取、何以捨，因此，我們即將可以全然地加入基本良善的世界中。那個世界是由一位能將天地相和的國王或女皇所治理與經營的。我們這裡所說的君王，指的是那位治理基本良善這個世界的人。基於這個觀點，我們將基本良善視為一位國王或女皇。

　　當你全然浸淫於不受制約的良善與開放的心胸裡時，你就會變得極有洞察能力，知道何以取、何以捨，也了解到戒律的基本概念。這就帶來了捨離。

　　香巴拉對於捨離的觀點是非常個人化的。這完全無關乎要去放棄什麼壞的、有害的或瑣碎的東西。所謂捨離，就是要讓自己變得更有助於他人，並且更加柔和、也更加開放地對待他人。在自己與自己之間，以及在自己與他人之間的阻隔都要被清除，而自己想休息放假的基本誘惑也要被清除。任何裹足不前、任何形式的阻擋，或為了維護個人隱私所搭起的任何障礙物，也都要被清除。我們捨離自己的隱私，是為了他人與自身。因此，捨離意謂著要犧牲自己的隱私與個人的舒適，也要犧牲自己想要放假休息的誘惑。

　　當我們了解到不受制約的良善之普遍性、也看到大自然律則與秩

序其既有性之後，我們會開始覺得有些難以喘息，因為我們領悟到基本良善是無法個人擁有的。你無法讓一個寵物具體呈現出基本良善，而基本良善的較大景象可能會像是個奇幻的想法。然而無論如何，有時你覺得需要將它定位在某個地方。基本良善是如此美好地讓人想要的東西；因此，你想要擁有它，並且還要在上面署名。你想只要捏一小撮來用就好了，剩下的還可以放回口袋中，就把那一小塊基本良善放在自己的小口袋裡，準備省著點兒用。這時，隱私的想法就開始悄悄潛入，就必須捨離這種想要擁有基本良善的誘惑。你無法將它納入懷中、或是予以私人封印、或是在基本良善的點狀虛線上署名。

捨離代表要去放棄一種侷限化、領域性或個人化的取向。有時，當我們感受到一種廣大性時，我們會覺得那太廣大了。我們需要個避難所。我們需要在頭頂上擺個屋頂，也需要三次量小而豐盛的餐食來填胃。這些都是由落日概念所引發的各種方式之一。雖然我們領會到東方大日的廣大與美好，我們卻無法承擔之。因此我們建造一個小涼亭、一個小房子，以便來抓住它。直眼瞧它實在太亮了，不過我們可想把它照個相，並將相片放在正正方方的相框裡，以便留著當紀念。我猜觀光的概念也是這樣來的。因此，捨離的觀念就是要去阻擋這種型態的小心眼。

捨離關係到何以防止與何以培養。這是針對基本良善的情境而言，還要伴以耐心、而無懶散、並有信心地來做，正如我們在前一個章節中所討論的那般。更甚者，捨離的環境來自於禪坐修持的環境。在禪修中，你觀察自己的呼吸，並將種種念頭視為純粹的思考過程、

只是你的各種思緒，而不去打壓或讚美。因此，在禪坐中可能出現的念頭，不僅被視為相當地自然，同時也沒有什麼可信之處。梵文中代表禪坐的字音為「禪那」（dhyana）；藏文則是「桑登」（samten）——指的都是同樣的那顆穩定的心。心之所以穩定，乃是因為你並不隨著念頭而起舞、也不隨著念頭而頹喪，你不過就是看著它們的起起落落。無論升起的是好的、還是壞的，是令人興奮的、還是讓人悲痛的，或是使人喜樂的念頭——不管你心中出現什麼，你都不加以額外評注，免得成了它們的維護者。

　　禪坐修持是很單純而直接的，而以香巴拉風格來做的話，它更是像經營生意一般。你只是坐著並看著自己的念頭起落，另外一種身體上的配合技巧，也就是與氣息的一呼一吸共處，這自然會讓你在禪坐中有事可做。這個部分是要讓你來做點兒事，以便你不會去評斷你的念頭。你只是讓它們出現而已。在這情境之中，你便可以培養出離心：一種不再對念頭做出極端正反回應的捨離能力。當勇士處於戰場上時，他們不因成功或失敗而有所反應。戰場上的成敗，只被視為另一次吸入而呼出的氣息，也是另一個進來又出去的散漫念頭。因此勇士是相當鎮定的。也由於如此，勇士是勝利的——因為勝利並非必然是目的或目標。但勇士可以就是如此地——當他自己。

　　接下來我想介紹捨離的三種分類或準則。有所分類可以讓大家實際對此有建設性的思考。

關心他人

捨離的第一層次就是要關心他人。你所要排拒或捨離的其中之一，便是完全只關心自身的心態，這也被視為自私；以及由於如此而像是帶著甲殼那般地閉門造車：只關心自己的小屋子、小殼子與隨身的盔甲裝備。根據傳統佛教中有關業力與果報的故事，離群獨居的女士與卿眾們可能會投胎轉世為陸龜或海龜，一輩子得扛著自己的住家到處走動。因此，**自私**與**閉門造車**彼此互為同義語。這也是我們要去避免的。

關心他人同時也意指你的內在必須是穩定的，而達到如此狀態的基礎就是要**離於懷疑**。在體會了基本良善的值得信賴性之後，我們對於良善會有所信念，也帶來了離於懷疑的自由，而這同時是關心他人的必要前提。當人們想到幫助他人時，他們通常會擔心，若是開放自己的話，就會被別人的病菌傳染而得到相同的疾病。他們疑惑地問：「要是我太過心胸寬廣，該怎麼辦呢？我們自我防禦的機制又如何呢？」因此，人們第一個出現的念頭就是，我究竟要將自己開放給什麼呢？我又該如何保護自己呢？然而，如果你無所懷疑，這本身就是一種保護。於是你就能夠全然對他人開放，並且帶著柔和、慈善與關心——這就帶來了勇氣。

勇氣是一種毫無畏懼的結果或是其行為的層面。當你覺得沒有畏懼時，你的**所作所為**就不會帶著畏懼，這就是勇氣，或是放手。由於你關心他人，你就無所畏懼，你有信念、無所懷疑，因而你變得勇敢。傳統上來說，即使是最野蠻的動物，都會以柔和與慈愛來對待它們自

己的後代。以此**邏輯**來推論，任何人都有辦法慈善地對待他人，更遑論發心是來自於基本良善了，這帶來更多慈善待人與變得勇毅的可能性。

若你想要去幫助他人的話，某種程度的勇氣是必須的。換句話說，你得要除掉自己的粗魯焦慮，也就是你要更加地信任自己。藉由與自己相處的美好**經驗**，能讓你學會去相信自己。在你這一生中的這段時間裡，你或許會有許多時間都是自己與自己相處，以及修持禪坐，而禪坐**就是**與自己相處。在此時，你並不需要別人的幫忙；你只需與自己相處。

當你能夠克服自己的粗魯不滿和焦躁不安時，你就不需要再尋找任何進一步的上天啟示了。你可以就這麼立即地開始幫助他人。幫助他人有兩種層面：這並不只是去幫助某人，它對你自己也會產生作用。藉由幫助他人，你同時也學會如何自我整合、同心協力。為了這麼做，你必須要真誠。你得要和自己共處一些時間並有所作用之後，別人才會有信心與你共事。當他們對你表示失望挫折時，你可別就整個人發**飆**或是想去避開他們。你必須要有耐心並能善解人意，而這些都必須來自你曾多多少少地全心與自己共處的經驗。我想這種方式也適用各地不同的教育系統。

知所取捨

　　勇於幫助他人就帶來了洞察直觀或是聰慧才能，這也就引領我們到捨離的第二準則：為了利益他人而知道要何以取、何以捨。關心他人的意思，並不是要你開放心胸、慈善待人以至於願意讓任何現有的疾病來到自身。你必須同時保持相當地康健才行。為了維護這種型態的身心康健，我們就得知道該做什麼、不做什麼。但是我們也不能變得冥頑不靈；更不能侵犯他人或偏執妄想，或是因而臆想憂鬱。我們不可能每件事情都要去做，也不應該什麼事情都不去做。我們必須抉擇。在這裡所說的取捨，並不是代表你對這或對那的偏愛；而是更加不受制約的那種取捨，並且是聰慧才能的標記。我們的聰明才智讓我們有辦法整理頭緒，知道該做什麼、不該做什麼。從這而來的就是**柔和**。為了利益他人，我們知道哪些該取、哪些該捨。因此，我們的整個生活、整個生命，包括我們的呼吸氣息，都獻給了他人。

基本良善之王

　　捨離的第三個準則是相當有趣的。由於我們知道何以取、何以捨，因此，我們即將可以全然地加入基本良善的世界中，那個世界是由一位能將天地相和的國王或女皇所治理與經營的。我們這裡所說的君王，指的是那位治理基本良善世界的人。基於這個觀點，我們將基本良善視為一位國王或女皇。它自己幾乎就是個實體，而非只是個形

而上的概念，或是個有關大自然秩序的抽象理論。

另一種描述的方式是，能將天地相和的，便是個國王或女皇，因此也就是基本良善。換句話說，若是大自然有所律則與秩序，這皇族的本質或是君王的法則，也就既有存在。由於這宇宙君王①的本質能將上天、大地與人類相和，因此，我們也能將身心相和。我們能使身心同步，以便成為一位香巴拉的勇士。

關於君王的慣有概念純粹是基於上天的法則。在西方，當工業革命發生時，它被視為大地的發言。在這情況之下，大地是全然與上天相對的，因此就不該有任何君王存在。按照這個邏輯往下推的話，如果你希望人們都很關心並且都有不錯的薪水、如果勞方都要被良好對待的話，就不該有任何上天，應該只要有大地就好了。然而在香巴拉及帝制時代的中國、日本與印度的傳統裡，都必須要有一位國王或女皇將上天與大地相和。中國的「王」字是以三橫筆、一豎劃，來代表天、地、人的合一。當人們對遠大的觀念有所渴望時，他們就不會獨自落入實用主義的憂鬱當中。同時，為了要避免只有高遠的理想，需要大地來做為行事的基礎。

中國與西藏的「皇」字。中央的三橫一豎即是中文的「王」。

　　共產主義由於沒有辦法將天地相和，因而苦楚不堪。共產黨員在剛開始時，曾是大地的人們。「全世界的工人們，大家團結吧！」然而，當共產主義的帝國產生時——例如過去在俄羅斯——共產黨員無可抗拒地創造了上天，亦即共產主義的**遠景**。結果，他們發現唯一能讓他們將天地相和以便平衡狀況的方法，就是去仿照資本主義。說實在的，它也並不怎麼像是上天，但對他們而言，或許已經是最接近的東西了。資本主義者不僅相信宗教，同時也把他們的軍隊制服做得比較

美觀、旗幟也比較多。一開始，共產主義者認為那些東西有夠可笑。之後，他們開始擺出各式各樣的彩帶、條紋與制服。你只要去看看「俄羅斯祖國」（Mother Russia）做出來的東西就知道了。所以，這裡要說的就是：他們根本不知道自己在做什麼！

在這個大地上，一直有天地無法相和的問題，這也造成了極大的混亂。更甚者，還有身心無法相和的問題。而在香巴拉的傳統裡，讓身心同步是一件**相當**要緊的事情。我建議各位可將日本的箭藝、茶道與花藝道，做為幫助我們身心妥善同步的東方準則。至於西方的傳統，我則推薦以馬匹訓練式（dressage）的馬背騎術（horseback riding）來做為讓身心同步的修持方法。馬匹訓練術是一種獨特的鍛鍊法，必須相當清醒而覺悟，可以訓練你將身心同步。我相信還有許多其他的西方鍛鍊法，可以幫助我們身心相和。

總結來說，捨離的三個準則就是：第一，慈善待人、無所懷疑，因而勇毅。第二，了知何以取捨，因而帶來柔和。第三，了知相和天地之君王為何，因此能將身心同步而共舞。

每個人都是國王或女皇

在探索香巴拉的準則時，我盡可能地表述王者之道、皇族或君王之則，以免之後有所訛誤。香巴拉世界的皇族，並非立基於一種香巴拉菁英或階級系統的創建。若是如此，我就不會與我所碰到的每個人，分享香巴拉的遠景，也根本不會與你們說這些東西。我可能會先選出十個或二十個人，來聽我談那個相和天地的宇宙君王，而不是與

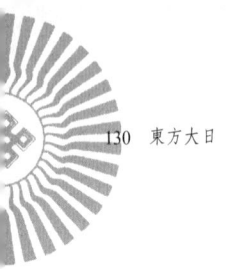

大家公開討論。爲何我要向你們說這些事情呢？這與我們的主題之一，亦即柔和與開放，是有關的。你們每個人都有辦法將天地相和。你可以是個國王或女皇——每個人都是。這是一種全面的改變，也是一個極度的轉轍。能與大家分享這個王國的遠見，我不覺得有所歉意、也不帶有任何傲慢。這似乎是非常自然的：每個人都應該曉得樹木與植物如何茁壯，而它們又如何經歷著四季的體制。你們大家都能看到，那最終的治理者如何統馭宇宙——比起中世紀或是當代的國王都偉大得多。

目前地球上已經沒有多少個國王和女皇了，就算我們看到了幾個，其中似乎也有不少人已經快要變成一般的老百姓了。但是不管如何，在任何的企業與組織裡面，包括教育系統與社會組織，人類發現他們仍然需要一個經營者或是某種指導員。階級體系就是從這裡發展而來的。如果你想成立一間餐館，你就需要個經理，也就是國王或女皇。然後你就能僱用女性與男性侍者和其他雇員，做爲這個國界的大臣。接著你就有國王的勞工，也就是大眾。如果你自己做生意，你的投資者可以被視爲大臣，而你就是那位國王或女皇。在銀行裡，國王或女皇的本質所顯現就是銀行經理，於是你又設置其他部分的朝臣，並以不同的部門職位來做爲代表。組織系統想來是這麼運作著，只是我們覺得不好意思把它點出。香巴拉觀點的方式則是，雖承認有此階級體制，但卻也堅持不管是任何層次的人們——高階、中階或是低階——都要學習如何以香巴拉風格來行事。最高位的人們不應以傲慢來行使他們的權勢，而是帶著謙遜、眞誠與悲憫之心，一直到階級的最

底層都應該如此。

階級體制已然存在。無論你是在一個全然民主的社會，還是共產主義的系統裡，你都不得不為你的餐廳找個經理。不管你是在世界上任何地方，到處都有這類體制，而這是人類所認為最好的工作基礎。在共產世界裡，總會有個毛主席或是卡斯楚頭目，而在美國則必然有個總統，儘管那兒實施民主。一個民主社會仍有一位總統，如果這個國家是真正地民主，就根本不會有任何的領導者——這是不可能發生的事。一個國家不可能如此運作，一個組織也不可能如此運作。總是會有階級體制的。

然而，階級體制已經被處理失當而誤用了。香巴拉的遠見抱負就是要來矯正這個狀況，不讓它變得更加獨裁或是專制。領導者應該要更加地謙遜，而勞動者則要更加地自負或是自傲。當領導階級愈加謙遜，而勞動階級愈加自傲時，就會在某處有個交會點。覺悟的社會是可以這麼讓兩者並行而運作的，也期待在未來的時代裡能夠實現。

通常勞動者都沒有足夠的自傲。他們認為自己的金錢與財富不夠多，也因而覺得自己不夠好。領導者則擁有過多的金錢與財富。即使在民主社會裡，他們的領導者也多半是傲慢而自負的——有時則是又聾又啞。一九八〇年，美國國會的成員舉辦了一場午宴，以款待我所屬藏傳佛教派別的精神領袖——第十六世大寶法王。我受邀陪同法王至國會山莊，在那裡也遇到一些眾議院代表與參議院議員，一位即將宣佈參選總統大選的參議院議員也在內。

這些人簡直是完全地又聾又啞，根本是瘋掉了！在那個午宴上，

他們不斷地往外跑到眾議院或參議院的議員席上以便投票。我非常訝異地看著他們如此來掌握任何事情，因為他們根本不在現場。這真是令人難以置信。事實上，你還可以辨認出，誰在那個權力席上是屬於最高階的、誰又是屬於最低階的，只要你看看他們瘋掉的程度就知道了。愈高階的議員，就是那些愈瘋狂的人。從這裡你可以看出那些握有權勢的人們是如何的嗎？當他們所得的權勢愈多時，他們就變得更加瘋狂。

我的經驗是，在政府比較低階的層次那兒，情況就不一樣了。當大寶法王訪問科羅拉多州的博得市（Boulder）市議會時，我也陪同在場，那裡的人們就相當地聰敏與特別。要是哪天這些市議會議員與那些國會議員相遇時，我真懷疑他們要如何彼此溝通。那些國會議員真讓人**相當**訝異。根據這個來研判的話，就不難想像總統會是什麼樣子啦！

這比較像是落日的階級觀。當你愈爬愈高時，你甚至不需要再去思考。你只要當個瘋子就好了。相對來看，這應該能讓大家對如何將天地相和有些**概念**了。我十分鼓勵大家去做禪坐修持，因為我希望能看到在香巴拉的世界裡，我們所作所為都是絕對真誠的。那份真誠必須來自你自己。經由禪定的修持，你可以確定，那份高水準的真誠度會一直保持得適當而完整。同時，也請大家快樂地生活。

---

①譯注：作者這裡所用的英文與佛教名詞「轉輪聖王」的英譯名詞是相同的，也就是全宇宙的君王（universal monarch）。

第九章　如何生起東方大日

　　無論你過得是好還是壞，你都應該同時感到悲傷與愉快。這不僅關係到你如何成為一位真實而正直的人類，也與佛法中渴望或虔誠的準則有關。渴望是一種對於神聖性的飢渴。當你覺得你與世俗的世界格格不入時，你開始渴望有個神聖的世界。所以，你覺得悲傷，而你也因此開放心胸。當你感到如此悲傷而柔情時，你就會知道如何幫助世界上其他的人有所提升。而唯一能夠帶來東方大日觀的機制就是將悲傷與愉快相和。

　　到目前為止，我們所討論過的內容大致如下：基本良善的發展基礎是信任；而信任帶來耐心、離於懶散的自在以及信念，也自然引領至捨離。此時，我們已十分清楚應該如何為了關心他人而做取捨，也開始領會到禪坐修持的功德。當我們對何以取捨的明辨觀察有所進展時，便會生起柔和，也將領會到那位將天地相和的基本良善之王。因此，我們發現自己是有能力讓身心同步共舞的。

　　我們目前所達到的成果是與**技術層面**相關的——知道如何修持這些高遠的準則。我們必須知道如何來完整地行動或顯現，而非花些不必要的時間，來將香巴拉的準則予以哲學化或合法化。時間是短暫的，

情況是急切的,所以我們沒有時間討論那些形而上的東西,但的確要花時間來探究技術層面,以便知道如何去做。我想特別在此與大家分享這方面的智慧。

與自己共處的旅程

與自己共處必然會有一段旅程。而在旅途中,每個人都得清理自己的垃圾。有些是真的垃圾,應該要被丟棄;有些則是有機的垃圾,可以拿來回收。要記住的是,當你清理自己的垃圾並加以整理時,你必須承認,自己並不是百分之百的理想好學生。有時你會突發奇想而即興行事、有時你會陷入自己的神經質中,而你多多少少還是會自我欺瞞。只要你承認這些,它們就完全不會被視為絕對的惡魔。至於在這旅途中,有多少地方是真誠的、有多少部分是偽善的,的確很難搞清楚,但只要繼續保持前進就可以了。唯有當你試著將這整件事情哲學化或合理化時,才會產生問題。

依據香巴拉的準則,我們是不相信原罪的。你並非原本就該被定罪。事實上,情況剛好相反。根本上來說,你是良善的。儘管你會偽善,你仍可以是良善的,而你所表現出來的也會是良善的。

在討論技術層面時,更大的主題其實是「放手」:知道如何放手、放掉什麼,以及如何在這個世界裡放鬆。過去你曾學過如何與自己和他人建立關係,卻沒有人告訴你要如何體驗自在。然而,對於自在的表述,必須來自於你自己。「放手」並非單純只是毫無顧忌地邋遢行事;你必須評估,為了整體性,你應該維護戒律中的哪些部分、哪些部

分又可以放鬆。因此,「放手」本身仍然是一種訓練過程,同時又包含著成果階段的道理。

當我們發現自己生為人類的那一刻——也就是在出生後的那一瞬間所發現到的——我們領悟到可以大哭、還可以呼吸,因為已經脫離了母親的子宮。從那時起,我們便不斷地演練著自己的個別性。儘管對母親可能還有情感上的依附,那是一種將我們與母親綁住的情緒臍帶,但我們的身體已不再與母親的臍帶相連。然而,當我們逐漸成長,經歷了嬰孩期、變成了青少年、經過了青年期、走過了中年期、慢慢邁入老年,我們看到自己一步步地遠離雙親,也一步步地脫離那種情緒的臍帶。我們被要求成為一個大人,只因為我們脫離了父母親;我們被要求成為可以獨立作業的個人,同時還被鼓勵要正直地對待他人,並建立良好的關係。

香巴拉的社會非常注重的是,當我們離開娘胎時、當我們又「重組」(regroup)①為所謂子宮的產物時,到底發生了什麼事。我們要求人們要持守族群傾向、家庭導向;另一方面,我們也要求你**不要**緊握住那個當你仍是某人小孩時,所存有的神經質或原動力不放。我們必須各自獨立運作,也必須同心協力,與全人類的社會共同努力。這本身雖然看來互相抵觸,但同時又充滿了智慧。

若仔細看看過去社會中的組織——尤其是印度社會、猶太社會、波蘭社會、中國社會、日本社會與西藏社會等的種族團體——我們會發現,食物和爐子都是非常重要的。現今的烹調都太現代化了。在以前的時代,人們圍坐火旁,以便注意鍋子裡的食物是否滾熟、或是爐子

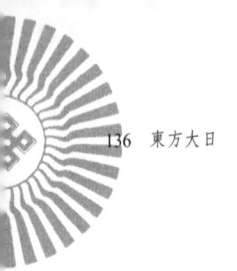

裡的薪柴是否該加,大家都在廚房裡圍坐。爐子是文明相當重要的一部分,事實上也是一個主要的聖地。這一點,大概很多美國人是搞不清楚的,但身為種族團體的一部分,我們是了解的。

如何成為重視家庭的人、如何遵循民主、如何與古代社會的智慧產生關聯、又如何來尊崇它,這些都並非是神經質的產物,也不是由於缺乏現代化的複雜性才會如此。那些圍坐廚房爐邊的人們,並非只是因為他們的社會尚未全面現代化才那麼做。有了電力之後,你就不必留在廚房裡,注意食物的溫度或補充爐火的薪柴;有了中央冷暖空調系統,你就不再需要任何的中央參考對象了。家庭與生活的重心會轉移這麼多,是一件有趣的事情。早期,人們的重心是基於存活的託辭,但實際上卻不只如此。人們在自己的媽咪與爹地身邊建立了國族家族的聖殿,由此所發展出來的神聖性與傳統性,藉由我們的祖母和祖父傳下來。你從他們那兒得到如何去做的技術;他們教導你怎麼去照顧自己。

在那些日子裡,還沒有醫院的出現,祖母自然就會來幫忙接生——她們清清楚楚地知道每一步該如何進行。其後,醫療研究融合了祖母的智慧,成立了醫院與婦產科病房。人們不再需要祖母,她們大概也都被擺在老人安養所。她們沒有什麼角色可以扮演,唯一能做的就是,去看看已經出生的孫子孫女們長得有多可愛。整個社會系統因此就這麼改變了。

當我們談到「放手」時,指的並非要去放掉傳統,而是要放掉那些與理想人類社會有所抵觸的現代裝飾。我並不是建議應該要再次建

立一個中世紀的舊樣子出來,而是要如何做些努力、花些精力與用些智慧,將事情做好一點。重點之一,就是要看看傳統社會中人們的所作所為,例如古典的猶太傳統,古典的中國傳統,以及古典的印度傳統。在那些社會中,人們非常單純地學會怎麼去選擇好鍋子、怎麼在裡面煮東西、怎麼把它們洗乾淨、又怎麼把它們收起來。這裡所遵循的是與日本傳統茶道一樣的準則。或許你會疑問:「會用鍋子、會在裡面煮水、會控制火的熱度、會去收拾善後,去學會這些東西又有什麼大不了呢?這也不能改變總統選舉的結果或是其他類似的東西。」一方面,去注意這些細節,的確不會是個什麼驚天動地的經驗。另一方面,它卻又**或許**是總統選舉結果的關鍵所在。

知道如何與事物單純相處——知道如何使用家庭用具、如何運用水火、如何對待蔬菜——這些通常被視為任何人隨手就會做的事情。然而在現代社會中,人們卻很難知道如何去做得自然又精確。如何正確而完整地使用一個物體是件複雜的事,不見得是科學層次上的複雜性。我們所說的是常識層次,但常識本身就隱含著許多微細與精密之處。

觀照與覺察

根據佛教的傳統,一個人如何處理細節是有兩種過程的。第一個部分是**如實對待事物的觀照力**。你有一個鍋子或茶壺——不管你有什麼,觀照就是恰當地處理這些你所擁有的東西。第二個部分是**覺察力**,也就是整個情況的全面性,這也是你的觀照反映在你所作所為中的樣子。兩

者相用，觀照與覺察就是「放手」的第一個分類或準則。

　　這看起來可能是個相當簡單而平凡的課題。然而，只要談論的是香巴拉智慧，這就是個很大的課題：這關乎如何成為一個完整的人。觀照在先而覺察於後，就帶來了所謂的**正直**。如果你有觀照力與覺察力，你就會是個正直的人。「放手」並不是要你變得狂野、或是成為什麼都可以「放掉」的怪物。而是，如果你能完全地放掉自身、承認自己的現狀、做為一個人類的現狀，接著你就會發現，自己可以注意到更多細節，甚至到了最大可能的限度。因此，經由觀照與覺察，你變成一位知道如何如實對待事物的正直之人。這就是「放手」的第一類。

風馬

　　「放手」的第二類是相當有趣的。由於你體會了「放手」的意義，經營著一個正直的家庭或是正直的生活型態，也與所有的他人建立了正直的關係，便會發現在自己的生活裡，自然而然地具有一種提升的特質。你可以稱之為神聖的存在，這是由你的觀照與覺察自然而來的。我們注意到種種細節：洗碗、掃地、燙襯衫、摺衣服。當我們注意到周遭的所有事物時，整個情況便會有提升的效果。以香巴拉的用詞來說，即是風馬（windhorse）。**風**的本質便是相當地輕快通風而有力量，馬則代表可被駕馭的能量。如此輕快而精密的能量，多麼乾淨而充滿正直，是可以被支配的。那個能量清新而充沛，同時也是可被駕馭的。因此，這就被稱為風馬。

風馬也意謂著駕馭或騎乘在基本良善之上。良善之風是清新而無礙的，因此，你可以騎乘於上。所以，另一個代表騎乘於基本良善之上的用語就是騎乘於風馬之上。風馬的意義是，由於一切皆是如此正直、如此真實、又如此恰好，所以就可以有所作用。你開始真正體會到那基本的良善，而這是在身體生理的層次上，並非在哲學理論的層次上。你開始了解到，身為一個人，你可以如何全面而近乎理想地於當下創造出基本良善。

從這裡而讓我們發展出理想的心。當我們談到「有心」（having heart）的時候，通常所指為軍事上的勇氣或英勇、或是一種對於自己家人與國家整體之愛。不過，香巴拉對於這個有心的概念則是，由於你有能力**騎乘於風馬之上**，所以每件事物都成為這種提升的正直之一種投射。一旦見證過基本良善的完整呈現之後，我們就會生起真正的真誠之心。

悲喜相和而帶來東方大日

「放手」的第三個分類就是**悲喜相和**。一般來講，當你說覺得悲傷時，表示你有多麼地受傷，你感到多麼地糟糕。而當你說覺得喜悅時，這表示你感到多麼地興奮與神采奕奕。而在此處，你則是同時生起悲傷與喜悅。你開始感到柔情——極度地柔情與悲傷。當你第一次談戀愛時，你想到你的情人，就會感到愉快，但同時也多多少少覺得悲傷。這並非僅僅發生在你的情人不在身邊、或是遠在他方時，而是即

使在你們相處時,也會感到這種柔情。無論你們是同房、抑或同床,就在那時,當你看著你的所愛,就覺得美妙。同時,你也覺得相當不知所以而又悲傷。這是**美妙的**——事實上,是理想的——人類的情緒是如此地表露。你覺得悲傷,所以,你覺得不錯。是熱也是冷、是甜也是酸,就這麼同時發生著。

依照香巴拉的準則,你應該對你所做的**每件事**都有如此的感覺。無論你過得是好還是壞,你都應該同時感到悲傷與愉快。這不僅關係到你如何成為一位真實而正直的人類,也與佛法中渴望或虔誠的準則有關。渴望是一種對於神聖性的飢渴。當你覺得你與世俗的世界格格不入時,你開始渴望有個神聖的世界。所以,你覺得悲傷,而你也因此開放心胸。當你感到如此悲傷而柔情時,你就會知道如何幫助世界上其他的人有所提升。而唯一能夠帶來東方大日觀的機制就是將悲傷與愉快相和。

東方大日有三個定義。由於經歷到悲傷與喜悅的同時性,我們**散發祥和自信**,這就是東方大日的第一個特質。其次是**照亮戒律之道**,也就是了知何以取、何以捨,這個層面就像是把燈打開。當你站在一個黑暗的房間中,並不知道周圍有些什麼,此時若你將燈打開,就會知道如何取捨。第三個特質則是**恆久治理三界**或是征服三界。由於生起悲喜相和的情境、知道如何取捨的原則,因此,你覺得有一股喜悅感與成就感,便是征服了三個世界(身、語、意),粗淺地說,是與天、地、人,或人類的準則相關的。

這裡所說的征服是相當個人的事。這是有關一個人開始見到東方

大日之後，對待自己與世界的態度。你可以說，當你把燈打開時，它就征服了你的房間，因為黑暗已經不復存在。征服在這裡與戰爭無關，它只是個開燈的動作。這是東方大日種種特質的同義語。

生起東方大日的方法，就是讓喜悅與悲傷同時生起，這或許會有點兒像是糖醋排骨吧。

問：可不可以請您談談，您所謂的上天與大地是什麼？
答：你認為那會是什麼呢？你有沒有任何想法？
問：我想，如果您說的是身心同步的話，我就可以了解。
答：那天地本身呢？大地是什麼？
問：嗯，就是我所坐的地方。
答：很好。從這裡，你就可以知道上天是什麼。這是我們彼此的參考點。
問：但這聽起來像是我們被夾在三明治中間。
答：嗯，說不定你**就是**在三明治裡面。我們一直都是被夾在三明治裡面的，因為我們有過去、現在及未來。我們也被自己父親、母親和小孩的三明治夾在中間。就算以時間來看，我們也是被夾在三明治中間的。我們被早餐、午餐和晚餐的三明治夾在中間。

上天便是一切廣闊的東西，包括你的高遠想法、信仰信念、抽象空談、希望及慾望等。任何你認為是神聖的東西，任何你可能放進保險箱的東西：包括珠寶、出生證明、大學學位證書等都是。大地則與你的個人存在有關，包括車子鑰匙、公寓鑰匙、皮夾現金、老公老婆、每天晚上或這星期的備用食品雜貨。所以上天就是遠大的準則，大地則是你在冰箱裡或銀行戶頭裡所實際**擁有**的東西。

將天地相和是個挑戰。要是你還想到一個國家如何將天地相和的話，那就變得非常複雜了。不過，如果你從自身做起，從你自己如何看待天地相和這件事開始，就相當單純而內在。搞不好你會認為自己的天與地，還不夠神聖到可以相和的程度，但在香巴拉的世界裡，我們對於自己的一切所作所為，都有根本的欣賞和尊崇。每一個行動都是神聖。有了這個啟示，我們也將自己生活中的所有經驗，都視為是神聖的。因此，我們可以將天地相和，包括像是去超市買衛生紙那樣凡俗的事情。當你買東西時，你就有了上天；當你用東西時，你就有了大地。你將兩者相和，這真是美妙，因為你能夠完成整件事情。

自然地，從發現基本良善而有了捨離，由此再發展出勇氣。最後，我們能夠欣賞並享受自己做為勇士的存在狀態。生活當中自然地也會有一份自負，而在欣賞自己做為香巴拉的良善之人時，也是如此。

很多年來，我和我的家人一直想要創立香巴拉訓練的制度。要建立一個穩固的基礎是不容易的，不過，一旦基礎打穩，新來的學生就能相當簡單地找到自己的路。首批學生的努力與後來學生的熱望相和，便可完成這樣的目標。先有天空；接著太陽就會從天空中升起，兩

者是相輔相成的。當天空與太陽相會時，東方大日便能顯現而閃耀。

東方大日並不會因為純粹哲學的理解、或是某種組織的存在就能實現。唯有你的個人參與，能使它變得奇妙而具影響力，並且鼓舞大家。我個人已誓言要與在座所有人，以及未來要與世界上其他人來共同努力。我們可以永遠信任並無畏地欣賞這東方大日。我們應該要發誓，絕不將它用於我們的個人成就之上。要是我們那樣做，我們將會沉淪。

我很感謝能在此與大家分享這些法教，也希望大家可以更進一步地展現自己。勇士學生的優美與光榮可以證明，我們所做的絕對是正確而美妙的事情。只要這世間還有生命存在，就請大家都成為勇士，這將會是好幾十億年的事情。歡迎來到東方大日的遠景。

---

① 譯註：這裡所指「重組」的原意是要人們重整旗鼓、分出生命中的輕重緩急，用在此處則可引伸為：當我們出生、離開娘胎時，我們便是自己累世業果、文化影響、家庭背景、與此世因緣所重組而成的子宮產物，儘管這個色身一日日地遠離母親，然而我們必須為自己的舉止負責，否則將隨業報而去。因此香巴拉的法教要我們掌握生命取捨之舵、維護基本良善之本，以便在東方大日中活出尊嚴。所以我們不僅一方面要珍惜自己的宗族家庭、也要能夠獨立自主地做出抉擇，才不會沉淪落日世界而無以自拔。

第三部

即 是

想要成爲的熱情

第十章　無所責怪：如何愛自己

很多問題都來自於自責自恨。讓我們放掉這樣的態度；讓我們放它走吧。讓我們做個真正的人真誠的人，而無須醫師、藥物、頭痛藥阿斯匹靈、咳嗽藥水可待因，以及其他類似的東西。讓我們只要是基本人類的樣子就好了。

看看那美麗的鹿吧。牠們沒有所謂的統治者，卻能在草原上嬉戲，彷彿牠們之中有一位管理者。牠們是如此地乾淨；牠們能如此地頭直肩挺；頭上的犄角又是如此地漂亮。不管是鹿、狐狸、還是胡狼——牠們都有自身的美。可沒有誰在照顧牠們。

我的名字是「西藏木克坡之主」（Lord Mukpo of Tibet）。我知道在美國這個先進的世界中，國王、地主等這類東西是被排斥的。不過恐怕男主人、女主人之類的東西會一而再、再而三地出現。尤其，這跟香巴拉觀點有關，這種主人的東西目前已經又回到美國了——這次不是從大英帝國來的，而是從西藏來的。

也許我們該來談談**主人**（lord）這個字眼，它有各種不同的意思。它可以是奴役他人、治理他人，或是真正能提升別人內在主人精神（lordship）的人。我正是第三類的主人。我們多多少少在某方面都是男

主人或女主人。我的名字是「木克坡」之主,而我也引以為自豪。我完成了我的任務,如同它曾經召喚我去做的那般。對於執行任務,我從未感到疲憊,而我的任務之一,就是將香巴拉的準則呈現給各位。

柔和待自己、利益他人

香巴拉的訊息並不會很複雜:只是單純地要解決人類的狀況,或者也可以說,要去克服神經衰弱的狀況。這就是它的精華所在。除了我所要呈現給你的「主人」這一點之外,這和你過去所聽過的東西或許沒有太大的差異。在這裡,做為主人和做為有情眾生是一樣的。這個主人一直受制於簡單的生活,包括甚至幾乎像是畜生道那般的狀況,而他就用自己的方式度過了。這個主人也看到人類社會的問題所在,並且了解這些情形。你們都上學過,在那裡也經歷過一段學習與規範的歷程,並且被你們的導師先生或導師小姐處罰與讚美。這位主人也經歷過同樣的事情。

香巴拉觀點的重點所在就是要去利益他人。我們不是單純地只是要去變成堅強而自立的個人。或許你會認為,當你變成一個主人時,你就要去僱用僕人。「我要把我的權勢用在別人身上,以便征服他們。他們必須任我指使,而我的希望與命令也將被實行。」這樣的話,就與我所說的剛好相反。主人精神純粹是像生平第一次來愛人或與某人談戀愛那般。我們所講的就是悲憫心與柔和心,這便是主人精神的精髓。

你是那麼想知道更多,而去聆聽某人的聲音;你是那麼想知道更多,而去觀看某人的臉龐;你是那麼想知道更多,而去嗅聞某人的身

體；你是那麼想知道更多，而去觸碰某人的身體。我可不是在用色情的角度來描述香巴拉的觀點，但一直以來，熱情都是被大力撻伐的，尤其宗教人士更是如此。僅僅以一個簡單的注解，比如「性是骯髒的」，就說它是不好的；當然我們也不是要把性說成是最棒的。而是，我們所說的是人類的本性與幫助他人的美德或良善。如何幫助他人、如何喜歡某人，或是如何去愛某人，這些東西常常被搞混。我們聽到一些駭人聽聞的故事，像是教士們與其教區的居民做那件事情的故事。老是有一堆這種垃圾、也就是這些人類的傳聞不斷地出現。我們之後或許可以討論這類扭曲之愛，不過現在所談的是清新之愛。我們的主題是利益他人、幫助他人。為了幫助他人，我們必須要對自己下功夫。我們必須要愛自己、柔和待己。這就是重點所在：身為人類，我們需要去發展柔和心，而這就是真誠心。

隨之而來的就是一種投降的感覺，並且對這個世界生起強烈的厭惡感與作噁感。我們說的可不是要去戴個玫瑰色調的眼鏡來看世界，或是純粹以為世界是美好的。首先要做的事，是去幫助你自己。去培養身心康健的感受，以及**我要幫助他人**的想法。「我這個人、施密特小姐，是個很能幫助別人的人。」接著你又看到醜陋的東西——人們自己的困惑，以及他們對這個世界的怨恨與憤怒。通常，可能會有人想把你變得同他一般具有侵略性的思考系統，重點就在於不要去加入他的陣營，這是相當要緊而直截了當的。

信任己心

　　第二點就是要信任自己的心,這是相當、相當簡單的事情。去信任自己的心。如何?為何?何時?哪一個心?你是怎麼做的呢?你或許會想問這類的問題。答案很簡單,**就因為你在這裡**。你怎麼知道屋頂不會掉下來、打到你的頭呢?或是你怎麼知道地板不會溜掉、讓你掉到地下室去呢?這就是信任。信任始於了悟到有數以兆計值得存在的人們,都想與香巴拉觀點及基本良善建立連結。因此,你發展出勇士的精神,不再懦弱不堪、神經兮兮。不過,實際的技術名詞就是懦弱①。這當然與牛奶是沒什麼關係的。懦弱、膽小、卑怯。事實上,懦弱還是母牛的反義詞,因為懦弱的母牛甚至沒辦法擠出乳汁來。牠懦弱到無法供給乳汁;牠是乾癟而顫抖的。

　　藏文中的勇士為「帕渥」。「帕」的意思是「忽視挑戰」或「漠視他人的挑戰」。「渥」則是成為名詞之後的字尾。因此,勇士就是一個不去參與他人侵犯性想法的人。當沒有侵犯時,信任就產生了,伴隨勇士的真誠心而來的便是喜悅。這是你這輩子以來,第一次感到輕鬆自在。「我的老天!我怎麼會被周遭這麼多事情給嚇著了、還把自己搞得像瘋子一樣呢?究竟又發生什麼事情讓我終於可以輕鬆了呢?」你真是呼地鬆一口氣。這巨大的輕鬆來自於一個巨大的微笑,也來自天生的頭直肩挺。

　　當你只是像一般情形那樣地放鬆時,比如坐在飛機上,有空服人員說道:「機長已經將請綁安全帶的指示燈關掉了。各位可以開始在機艙裡走動,我們接下來也會提供飲料與餐點,並且播放電影。」這可是

在邀你加入邋遢的行列。你可以往後一靠，好好看個電影、接著喝杯飲料、順便吃點美食。實際上，通常那些食物實在是不怎麼樣。老舊的放鬆想法說不定還包括當你覺得快要吐出來時，你就讓那個感覺解放出來，並且大聲地打個飽嗝兒。在飛機上，如果你覺得挺不舒服、想要嘔吐時，空服人員可能會說：「沒問題。您將它吐出來，我們一點兒也不介意。我們會幫你打掃乾淨。」這真是有夠萎靡的。如果你是個抬頭挺胸的人，你既不嘔吐、也不亂噴、更不打嗝兒，你**就**是要去做自己。「我是喬‧施密特」「我是珍‧荳伊小姐」「我是羅卓‧多傑」「我是歐瑟‧天津」「我是戴安娜‧木克坡」「我是邱陽‧創巴‧木克坡」②。抬頭挺胸地自豪於自己的存在，是能夠對治病痛的解藥、避免跌倒的技巧，這也是我們討論的基礎所在。

真正地無所責怪

我今天所要說的最後一點，便是無所責怪。通常，當事情出現問題時，我們就會去弄個理由。「你幹嘛把總統殺了呢？」你找了個合理的藉口，以便你不會被人責怪。「我真夠可憐的。我得去暗殺總統，因為我是個精神病患。」或者你想找個導致你這麼做的其他理由。要克服這一點，很要緊的就是要真正地無所責怪。不管你是佛教或是香巴拉的修行者，當你沒辦法依照進度來禪坐修持時，你便開始醞釀出各種的邏輯。「我之所以沒有守好香巴拉或是佛教的戒律，是因為我的婚姻破裂了。」「我這陣子都在生病。」「我睡不著。」「我沒錢。」等等、等等、等等。這裡的重點就是要去培養真正的無所責怪，而非去找到一

堆合理的藉口——有的甚至可以變成你去控訴他人的理由。（我們有太多律師，這是個問題。）

這裡的重點就是，我們要把自己變成嚴謹而守戒的人。我們絕不向任何宗教、哲學空談或是心理問題讓步。就是保持自己的樣子，可以單純地做自己。這是基本的要點。你必須有所擔當，這是你的責任，根本上你一點兒也沒生病。每個人都有責任，而你也要做自己，並且把它做好，如此就可以幫助許多人。這正是我們一直在談的。

在此我並不想貶損我的朋友金斯堡（Allen Ginsberg）③早期所寫的美麗詩句，不過，當他以自己對越戰及美國其他問題的感覺來作詩時，他可能會造成更多的問題。無所責怪的基礎乃在於要與事情本身有所連結，也就是事情本身單純而直接、絕對明確的層次。如果你覺得什麼事情不對勁，就把它說出來。你一點兒也不需要用輕蔑或負面的口吻來說。只要把它說出來，並且去做些改善就對了。找你的朋友說說。告訴他們：讓我們別做**這個**，讓我們去做**那個**。事實上，你們每個人都有極大的影響力。你不必去當美國的總統，可以當自己的國王或女皇。

無所責怪這點是相當簡單的。責怪並非來自你的伙伴或朋友，把責怪攬在自身之上，意謂它就是**你的**。換句話說，當你在野外對著石頭大喊時，石頭就會回你：「啊、啊、啊、啊。」你可不會責怪那顆石頭。你會怪你自己，因為是**你**說「啊、啊、啊、啊」的。你在一個回音室裡，所以你要責怪的是製造回音**的人**，而不是回音本身。因此，還有希望可以減少責怪。

當你害怕什麼東西時，可能是對於黑暗的害怕、對於利刃的害怕、對於槍械的害怕，或是種種的害怕。你不可能只是恐懼，而無**恐懼的對象**。所以，那個對象是什麼呢？那個對象是誰呢？那就是**你自己**。有一個故事是說，有一個人被關在房間裡。他身處的房間很大，可以讓許許多多的噪音來來回回，而他坐在裡面。當身旁變得愈來愈冷、愈來愈暗時，他聽到了一個聲響。於是他說：「是誰？」由於沒有任何的回應，所以他又說：「是誰在說『是誰？』？」接著他繼續說：「當我在說『是誰？』的時候，是誰在說『是誰？』？」對治這種回音室的方法，就是要做自己的朋友。

給自己一個好時光

讓自己休息一下。這不是說你該把車子開到最近的酒吧，然後大喝一頓或是看場電影。只是享受日子，享受你的平常狀態就好。允許自己就坐在房子裡，或是開車到山林裡。把你的車子停好；就坐著；就是在那裡。這聽起來相當容易，卻真的有許多魔力。你開始重新發現雲兒、陽光、天氣、山林、你的過去、和祖父母的閒聊內容、自己的父母親。你開始重新發現許多事情，就讓它們一一走過，像溪流打在石塊上而發出聲響那般。我們必須讓自己有些時間來這麼純然存在著（to be）。

我們已然被上學、找工作等事情遮蔽了──我們的生活被一堆事情搞得一團混亂。你的朋友要你去他們那裡喝點東西，而你並不想去。生活裡擠滿了一堆垃圾。以它們本身來說，那些事情可不是垃圾，但

當它們阻礙我們去放鬆、去做爲、去信任、去成爲勇士時，就成了麻煩的累贅。儘管我們錯失了許多這麼去做的機會，不過我們未來仍有更多良機可以掌握。我們必須學著更好地對待自己，帶著更多慈愛。要經常微笑，儘管沒有人在看你的微笑。聽聽自己的溪流，回應自己。你可以做得很好。

在禪坐修持裡，當你開始靜止不動時，上百上千、上萬上億個念頭就會在你的心中流過。不過，它們只是經過而已，唯有那些夠份量的會留下魚卵。我們必須要給自己一些時間來這麼純然存在著。如果你不留個時間給自己、不花些時間來微笑，你就不可能領悟到香巴拉的觀點，甚至不可能存活下去。若是你不讓自己有些上述的美好時光，你將無法得到任何香巴拉的智慧，即使你實際上是全班第一名也不行。拜託大家，我求你們，請給自己一個好時光吧。

這可不是要你去找一家昂貴的精品服飾店，買件三千美元的套裝；你也不必去那家最貴的餐館吃飯。同樣地，你也不必去飲酒作樂、酩酊大醉。讓自己有個好時光的意思，就是要柔和地善待自己。很多問題都來自於自責自恨。讓我們放掉這樣的態度；讓我們放它走吧。讓我們做個真正的人、真誠的人，而無須醫師、藥物、頭痛藥阿斯匹靈、咳嗽藥水可待因④，以及其他類似的東西。讓我們只要是基本人類的樣子就好了。

看看那美麗的鹿吧。牠們沒有所謂的統治者，卻能在草原上嬉戲，彷彿牠們之中有一位管理者。牠們是如此地乾淨；牠們能如此地頭直肩挺；頭上的犄角又是如此地漂亮。不管是鹿、狐狸、還是胡狼——

牠們都有自身的美。可沒有誰在照顧牠們。

　　對於我們無法這樣對待自己,我覺得多少有些膽顫心驚。話說回來,這就是我們人類代代相傳延續下來的狀況。現在正是讓它結束的時機,也是我們的希望所在。東方的智慧已然來到西方,香巴拉訓練也正在此地開展,全然不受染汙、也未被人摻淡。請容我這麼說,大家真的很有福報,謹代表我的祖先、祖父母、與自己來說這些。大家能有這個良機是很棒的。請不要蹉跎光陰,每一分鐘都是重要的。不過,不管怎樣,祝大家夜夜好眠,可別連睡覺時都還邊做事喔!

〈詩偈之三〉
四首未命名的詩

一
首先滿盈、而又任去,
可不是一條河流嗎?
於東升起、於西落下,
可不是那個月亮嗎?

二
那永遠不會落下的,
可不是東方大日嗎?

無論它是否存在著，
這就是香巴拉王國。

三
那毫不猶豫的愛情，
與離於懶散的熱切，
能夠將東西方相和。
於是南北方也生起。
你生起為世界之王。
你可以將天地相和。

四
你毫無畏懼地創造恐懼。
對恐懼的捨離無可害怕。
你藉由恐懼來檢視自身，
並將孕育中的恐懼踩碎。

（以上四首尚未命名的詩偈撰寫於「無所責怪」的演講當日。）

---

① 譯注：懦弱的英文是 cowardice，字首 cow 的意思是母牛，所以作者在這裡用牛和牛奶來做為相對言語。

② 原注：作者在用了幾個一般的姓名做為舉例之後，接下來就開始用他演講時在場幾位學生的姓名。羅卓‧多傑（Lodro Dorje）是作者創立的重要佛教機構「金剛體性」（Vajradhatu）裡負責修持與研讀經典的人，又稱為金剛上師。歐瑟‧天津（Osel Tenzin）乃是作者佛教傳承的金剛攝政。戴安娜‧木克坡（Diana Mukpo）則是作者的妻子。最後一個當然就是作者自己的姓名了。
③ 譯注：金斯堡（1926-1997），美國著名詩人，是「垮掉的一代」（the Beat generation）的代表人物。1957年，他發表詩作《嚎叫》（*Howl*），一鳴驚人。帶動尋找「新希望」（New Vision）的風潮，追求政治、精神以及性愛上的全面自由。一九六○年代，亦曾積極參與反戰運動。他的作品早期受到詩人惠特曼的啟蒙，其後則受禪學的影響甚深，著作有《空鏡》（*Empty Mirror*）、《吳哥窟》（*Angkor Wat*）、《金斯堡詩集》（*Collected Poems*）等。
④ 譯注：這類咳嗽藥水除了鎮咳之外還具有精神安定的作用，但也因為它的成癮性而常會被人濫用。

第十一章　成就上三道

　　你可以幫助這個世界。你，跟你，和你，還有你，以及你——所有在座大家——都能夠來幫助這個世界。你們都知道問題在哪裡，你們也知道困難為何，讓我們都來做些事情。讓我們不要臨陣逃脫，讓我們把它實際做好。拜託，拜託，拜託！我們試著要讓自己成就上三道，同時也要幫助別人達到同樣的境界，而不要受困於地獄道、餓鬼道和畜生道——這些是另外的眾生所在，也就是下三道。讓我們來做吧。麻煩大家考慮一下。我希望你們每個人都能夠誓言要來幫助那些正在經歷這種混亂的人們。

　　無所責怪或不去責怪，乃是來自勇敢。或許你會問：「你怎麼敢叫我施密特先生？你怎麼**敢**？你怎麼**敢**？」當你這麼說時，你自然而然地就會抬頭挺胸。如果你邊照鏡子、邊說這句話「你怎麼敢這樣？」你就會看到我所說的模樣了。這種勇氣就是人類自我的提振士氣。

勇敢以慈愛對待自己
　　勇氣是很直接的，不過有時也難以達到，因為，很多時候，我們都不喜歡自己。我們認為自己並未擁有一切該有的裝備，所以不太喜

歡自己這樣。事實上，我們還覺得自己問題重重。我們認為這些問題之中有些是私人的事。「我沒辦法達到性高潮」或是「我剛剛很衝動，對著某人大吼，可是我根本不必這樣。」有種種情況讓我們覺得不對勁、糟糕或怪異。克服這一切的方法就是要以慈愛來對待自己。

　　當你去注意或是想去聽某人在說什麼時，你會正襟危坐或是站得挺直。這是挺有趣的事，我們的耳朵會讓我們抬頭挺胸：當你得要使勁才能聽到別人在說什麼時，你就會豎起耳朵來聽。這正是「鹿野苑」①的樣子，也是大寶法王的標誌（參見下圖）。兩隻鹿坐在代表宣說佛法的**法輪**兩邊，想要聆聽大寶法王的開示。彷彿牠們正在說道：「他說了些什麼？有關什麼內容？」在許多傳統的密勒日巴尊者唐卡②中，也有相同的景象。密勒日巴尊者是一位偉大的藏密聖者，撰有許多優美的

大寶法王的專屬標誌，有兩隻鹿在法輪的兩旁。
長型旗幟上的藏文題銘意思是：尊勝大寶法王之座。

證道歌。通常在唐卡中，他的樣子就是將右手拱起罩在耳後，以便聆聽自己唱著自己所寫的歌。他將手罩在耳後，便是要來聆聽自己的聲音、所唱的旋律與歌詞。聆聽是一種個人探索究竟的精神，也帶來一種滿足感。起碼你可以聽音樂！

我們必須幫助那些不會聆聽的人，用一種喜悅感來幫助他們。對於那些對這個世界充滿憤慨的人，我們可以說：「親愛的朋友，跟這個世界相處不是那麼地糟糕。它並沒有全然被貪、瞋、癡③的恐怖所統治。」當你想要和一個從未聽過香巴拉智慧或佛法的人交個朋友時，你可以請他一起喝個咖啡或來杯蘇格蘭好酒。接著你們就能夠一塊兒舒服地坐著，**聽聽**這個世界。如此一來，你便能跟他分享，那些使你認爲這個世界尚有可爲的**經驗**。事情根本沒有**那麼**糟糕，說不定你會發現酒精能讓你們共同有所分享。隔天，當你的朋友一覺醒來，可能帶著宿醉，也或許又回到他那陰沉憂鬱的世界裡。然而，讓你的朋友因此而宿醉仍然是比較好的。

我們所做的，是想讓世界上其他人能夠開心點兒──包括我們自己在內。當你開始修持而逐漸了解香巴拉的法教時，某種真誠心就會出現。你開始看到白雪實際上還更白，冬天是如此地美好，夏日又多麼地棒呆了。我所創立的佛法藝術④裝設就是實現這類方式的示範。我們是有可能高興起來的，老天爺！拜託你要相信我。我們可以用各種不同方式讓自己高興起來，也絕對可以讓整個世界高興起來。

此時此刻，世界是陰鬱的。這也是我們的一大顧慮。有時這個世界還會被以不好的方式來提振精神，例如在越戰或是兩次世界大戰

中。有些東西可以讓人們高興，因為他們有正當的敵人：「雖然德國人有長槍大砲，不過話說回來，我們的東西說不定會更好。」然而，當我們沒有敵人時，要如何來提振精神呢？要是敵人變得陰鬱怎麼辦？重點在於你自己這個人。你必須先自我提振，才能往下進行。正如俗話所說，「孝悌為仁愛之本。」要做就從自家做起，別人就不再是個麻煩，周遭的世界也變得美好、成為最好的世界。而世界成了你的伙伴，也是你的朋友。就算是你的車子跟別人的車子撞出了一個大凹洞，也可以成為彼此對話的開端。首先，是一個大大的「啊──！」接著，這事情說不定就變成一個笑話、一種非常可笑的東西。於是，你們便可以交個朋友了。「你住在哪裡啊？來我家吃個晚飯吧。喝杯飲料再走。」這是可能做到的。

無所責怪的關鍵就在於完全地無所憤怒。當你生氣時，你變得極度理性。你說道：「這件事之所以會發生，就是因為這個和那個、還有這個。」你也可能是說：「他做了這個、還做了那個。」或是，「她做了這個、還做了那個，所以，才會發生這件事。」憤怒有一種傾向會讓人變得**如此**理性，接著它就開始擴散，並且進一步分裂成各種層次的憤怒。當你真的又生氣又憤怒時，便想把你的憤怒洩「糞」⑤在每個人身上。這就是何以香巴拉的無所憤怒觀是這麼地重要。每當你很想去怪別人時，你會說：「這件事之所以會發生，就是因為那件事。」或是，「那件事之所以會發生，就是因為這件事。」這時，你就要回到自身的統一性。香巴拉對於整體性的準則，就像是一個沒有裂縫、設計精美的明朝花瓶一樣，它讓我們完整而莊嚴。試著維持目前這種「存在」

（being）的感覺。當那一大聲「啊——！」出現時，你要記起這個明朝花瓶。當然你也可以想到我！

從一個好念頭開始

我們接下來的主題是欣賞你的知覺。你頭髮的造型、穿衣服的方式，以及你處理生活中所有細節的方法，都與你的基本勇氣大大有關。你不必去買最貴的「布魯克斯兄弟」（Brooks Brothers）服飾。只要保持自己的乾淨與整齊，不管穿什麼都一樣。而當你看著自己時，要以己為榮。這種自負與傲慢完全無關。做個好女士、好紳士就好了。要以己為榮。即使你所穿的可能只是短襯衫或纏腰布，你依舊可以是優雅的。看看自己，你是很棒的；你看起來是如此地好。你是有能力的。你**的確**有我們討論過的那種良善。

勇氣的關鍵就在於自心的狀態。當一個人沒有憤怒時，就會有一種自然的熱情出現——想要成為什麼的熱情、想要美化自身的熱情、想要外表高尚的熱情、想要**抬頭挺胸**的熱情。抬頭挺胸在這裡的意義即是證悟的基本優雅，正如佛陀所做的榜範那般。你可以去看看一些**羅漢**（lohan）⑥的塑像，這些羅漢都是佛教中的聖者，也是偉大的禪定修行人。你會看到他們都有抬頭挺胸的正確姿態。

你也可以做得到這般，不僅是為了自己，還要幫助他人自我提振。如果你自己有個小孩，或是你的小弟弟、小妹妹，從小到大老是彎腰駝背地吃飯——彎著腰、扒著飯，還搞出一堆噪音——你便可以糾正這種行為。「約翰，坐好。」「喬安娜，坐好。」「讓我們一起好好地

吃頓優雅的晚餐。」這並不代表你得去買那最好的 Wedgewood 瓷器餐具，你仍舊可以擁有一頓美好的餐食，擺得整齊有序、吃得適宜正當、也喝得合乎禮儀。

香巴拉法教的目的，在於提升人類的狀態。自從共和國與個人主義的概念出現之後，領導人物就開始走下坡。我們的領導者——無論是國王和女皇、總統和首相——都讓我們失望。所以，讓我們有個新國王、好女皇、好首相。讓我們頭抬好、肩挺直。讓我們在自己的餐桌上按照禮儀來吃東西；讓我們按照禮儀來喝東西；並且不要過度放縱。有錢人是世界上最糟糕又最無禮的人，因為他們有辦法從早晨到黃昏都在飲酒；然而在這一切結束時，他們依舊會走下坡，一點兒也沒有人類的尊嚴、沒有勇氣的意願、也沒有良善的意向。

你是人類社會的先驅者。我們談過末法時期的黑暗，以及這個世界何以正在走下坡。這個世界有可能會自我毀滅，不過目前**還不到那個程度**。你即是那位要來提升周遭社會的先驅者——就先從對待你的**雙親與朋友**開始。這就是香巴拉的提升準則，亦即對世界的單純欣賞，對日出的欣賞，以及對於那一點、那一念的確存在的欣賞。當有人喉嚨噎住或是快要嘔吐時，他只會有一個念頭，就是那個想法。那就是個好念頭！它會斷除所有其他的念頭。我希望大家都能了解。

以那個好念頭為開端，這個人就能開始合乎禮儀地飲食、正當地工作、適宜地睡眠、端正地坐下。從那開始，你將會了解並且成就上三道。上三道亦即天道、嫉妒神阿修羅道或半神道、人道。順帶一提的是，天道並非指耶和華**這位**上帝的國度，只是泛指具有神性者；阿修

羅道則充斥著成就與競爭，是一個能量、競爭與權勢的國度；人道就是我們身為正當人類的地方。依照傳統來說，必須先能達到這些心智狀態或存在狀態，並且超越下三道的可怖苦痛，才有可能成就究竟的大自在或證悟。

我是相當急切的。相信許多上師必定跟我一樣，曾有如此迫切的體驗。我是如此地渴求各位。你可以幫助這個世界。你，跟你，和你，還有你，以及你——所有在座大家——都能夠來幫助這個世界。你們都知道問題在哪裡，你們也知道困難為何，讓我們做些事情。讓我們不要臨陣逃脫，讓我們實際地把它做好。拜託，拜託，拜託！我們試著要讓自己成就上三道⑦，同時也幫助別人達到同樣的境界，而不要受困於地獄道、餓鬼道和畜生道——這些是另外的眾生所在，也就是下三道。讓我們來做吧。麻煩大家考慮一下。我希望你們每個人都能夠誓言要來幫助那些正在經歷這種混亂的人們。人們通常會說，要去幫助他人實在是太困難了，他們認為根本不可能。但是這並非事實，已經有人這麼做了。看看自己吧！大家都是自我提振的人，你們都在上三道裡。有些人可能會質疑自己是否如此，不過那不是真的問題。只是個念頭而已。

各種心靈規範

各種信仰的人都可以運用香巴拉觀，並非只限於信仰佛法的人。任何人都可以從香巴拉訓練與其觀點中得到助益，並不會貶損到他們的信仰或是種種關係，包括與自己的牧師、教士、教會、教宗，無論

他們追隨的是哪種宗教領袖皆然。香巴拉觀一點兒也不去分別這是佛教徒、那是天主教徒、他是新教徒、你是猶太教徒、或是回教徒、還是印度教徒。這是我們何以稱之為香巴拉**王國**的緣故。一個王國裡應該要有許多不同的心靈規範，也因此我們會在這裡。

我們也許可以談談優雅、漂亮，以及像是國王的尊嚴這種誇張的東西。不過，我們根本上是在談著如何安頓自身並有個家。或者你該結婚了。去搞清楚怎麼照顧小孩，找個老公或老婆，並且有個家。你的整個生活將會因而改變！去找個伴侶、生個小孩、弄個漂亮的家，只要你負擔得起就行。說不定你會有個有錢的老公或老婆，即使不然，你也能把自家弄得漂漂亮亮。重點在於**生活**。當然，不是每個香巴拉人都得結婚。要緊的是，你可別為了滿足你的自大利己或是自我欺瞞而去做這些。

過去的一些人──包括馬克斯、列寧與毛澤東──都想要弄清楚，何以人們可以共同在社會中生活。我讀過一些相當有趣的書，它們是由那些多麼努力想幫助他人的人所寫的。我建議大家可以看看有關教友派主義（Quakerism）⑧以及史代納（Rudolph Steiner）⑨哲學的書籍，只是要確定自己別被它們帶著走就好了。其中可能只有大約四〇％的內容值得相信，不過仍然相當值得一讀。那些早期的先驅者，真**很努力**地想要發掘種種的香巴拉特性。不幸地，他們缺乏一種像是禪坐修持的心靈規範，而這是佛法中才有的。因此，他們不很確知如何來做，不過，這些教友派主義以及史代納學派的書籍是值得研讀的。他們不會像希特勒、墨索里尼或是毛澤東那樣，他們是真實的

人。嗯,當然囉,他們是人嘛!我的意思是,他們真的關心人類、關心他人。他們並不想要統治世界,只是想要體驗世界的實相,並且將它呈現給別人。

舉例來說,史代納認為不應該讓小孩看到任何的尖銳角落,所以在他所發展的教育系統裡,所有的柱子與畫框都一定是圓形的。這或許有些瘋狂。但是一般說來,我們應該欣賞這麼極力想要了解世界的人,由於他們的努力,我們才終於擁有香巴拉觀。

許多人都在想辦法盡力呈現香巴拉的可行性。我們不可輕視他們、並說他們所做的是愚蠢而缺少創見的。所有這些人都是相當了不起的。舉例而言,一六〇〇年代的教友派信徒福克斯(George Fox)就以他自己的方式引薦了禪修的想法。在那個時代,不到教堂裡說段祈禱文,是不可能讓你結婚的。但是福克斯卻僅僅說道:「接下來沒有什麼祈禱文了。新郎與新娘就安靜坐著,並且安靜地結婚。」對那個時代來說,這可不就是歷史上的大革新?

進一步去探究歐洲傳統中香巴拉觀的起源為何,是件非常值得的事。去研究西方歷史人物中、那些想要實現香巴拉覺悟社會的人之事跡,也是不錯的。你們其中或許有些人,常會自以為了不起而輕蔑人類的過去,這是絕不該有的。過往的人,不只是達成了某些簡單而丁點的東西,他們對世界貢獻了許多智慧。我們應該稱頌這些人,並且像感恩祖先般地感激他們。

這就是我們今日討論的成果。然而,東方大日的勇士是從不說晚安的。不管是在什麼時候,我們總是會說「早安」(Good morning),

因為我們一點兒也不要與落日有什麼瓜葛。我們總是說「早安」的原因，是由於東方大日（Great Eastern Sun）恆常照耀。偉大（Great）表示你從不受無明所染；東方（Eastern）乃是事物起源的恆常所在，太陽永遠從東方升起；太陽（Sun）則是遍入一切的影響與力量，照亮著你的責任以及真誠。真誠永遠照耀一切，猶如太陽一般。我們已經花了許多篇幅討論良善（good），至於早晨（morning）我就不必再做解釋了。永遠都是早晨。

---

① 譯注：「鹿野苑」乃釋迦牟尼佛成道之後初轉法輪、宣說「四聖諦」之處，地處當時中天竺的波羅奈國。又有「仙人住處」的意思。
② 譯注：「唐卡」為傳統西藏繪有佛像或佛教大師的畫布。
③ 譯注：亦即所謂「三毒」，用白話來說就是貪愛或熱情、瞋恨或憤慨、與癡迷或無知。
④ 原注：佛法藝術是由作者所造的名詞，指的是基於不帶敵意、而能表達基本法義或事物原貌之真理的藝術。一九六六年由香巴拉出版社發行的《佛法藝術》（*Dharma Art*）一書，就是作者對藝術觀點的呈現。這裡所指的裝設乃是一系列總集不同生活特質與層面的房間擺設，在裡面並使用了許多不同設計的色彩、家具、物品，通常在其間也會有些引人議論的插花裝飾。
⑤ 譯注：作者在這裡所用的原文直譯是：「想將憤怒的排泄物抹在每個人身上」，所以在這裡譯者用了「糞」這個字。
⑥ 譯注：羅漢（lohan），佛教的果位。為梵語 arahan 的音譯。意為殺賊、應供、不生。在早期佛教，阿羅漢是究竟的解境界，與佛果無別，但大乘佛教興起後，將阿羅漢貶低，視為小乘的最高果位而已，其上還有菩薩和佛陀的果位。亦稱為羅漢。
⑦ 譯注：「上三道」為天道、阿修羅道與人道。
⑧ 譯注：十七世紀中葉於英國創立的基督教一派，其信徒互稱為「教友」，因而稱為「教友派」。
⑨ 譯注：史代納，奧地利社會哲學家，一九○二年，他曾公開說「以科學為基礎，來尋找研究心靈的新方法」是他畢生職志，將自己的研究與探索命名為「人智學」。依此學說，人可以發展更高的心靈能力，並藉此達到超覺的智慧。他的研究目標，在導引人認識自己的真實本質。他強調人類智慧學的精神理念必須化為實際的精神行動，才能發揮正面的影響及實際的成效。

第十二章　大大的不

　　你不可摧毀生命。無論如何你都不可為了任何宗教、精神或形而上的理由，去把螞蟻踩扁或是把叮你的蚊子打死——一點兒也不行。這就是佛法。這就是香巴拉。你必須尊重每一個生命，絕對不能胡亂對任何生命下判斷。這正是香巴拉王國的規定，也就是那個「大大的不」。你不可只聽命於自己的慾望去做，你必須深思熟慮地想好哪些應被捨除，哪些應被培養。

　　我們今天的主題是高尚正直。高尚正直在此並非相對於穿著兩種不同顏色襪子、或是拉鍊沒有拉上來的那種不體面。我們所說的是比這些還更深奧，需要領會與了解的東西。正直的第一個部分就是我們所稱的謙虛，在此指的是沒有傲慢；第二個部分則是要**充滿**慈心與智慧去做事，但又不至於成為他人的絆腳石。

　　正直的意思是絕不疲憊或是不受他人馴服。你與這個世界對應時，總是會有一些愉快的時光，無論是與人相處、與其他有情眾生相處、或甚至是與無生物的物體相處亦然。你可能是在整理你的花園；對待你的馬匹；你的狗、你的貓或是你的爐子。不管你在做些什麼，正直的意思就是要絕對地處於當下，而不落入漫不經心與態度粗魯的地步。

最後，正直就是忠誠地對待他人、忠誠地對待你與他人相處所共享的最親密經驗，並且忠誠地對待香巴拉觀的準則。香巴拉**訓練**只是一種教育系統，我們也不特別要求各位要對它忠誠。你仍然可以繼續維護你的佛洛依德學派、榮格學派①，或是任何你所持有的哲學觀。然而無論如何，你也應保持對香巴拉觀的忠誠度。這裡的忠誠有兩方面，就是誓言要(1)柔和對待自己(2)慈善對待他人。當這兩者同時出現時，就不可能再有別的，一定會接續發展出覺悟社會。在我們的所爲與所想當中，覺悟社會是相當重要的部分。覺悟社會是實際的：它來自於信任、信仰，以及對於實相的眞誠體認。同時，也必須有更大更遠的意願，將這個想法傳播給其他人類，以便將他們也帶到這個社會裡。

正直的另一個層面是毫無狡詐，沒有那些爲了維護基本存在，而用來愚弄自己或他人的伎倆。當我們維護自己的生計或自身有困難時，便會搞出各種詭計。例如，你邀請一位求職者一起吃晚飯，以便可以用你所能提供的東西來誘惑對方，你說道：「你看，我可以給你這份好工作以及這麼多錢，請來爲我工作並且搭起我的自大。請這麼做。」狡詐帶來了希望與恐懼。你是如此地受著誘惑；同時，你又是如此地害怕。

依據香巴拉的法教，若你不想再像上述那般自我欺瞞，就要不帶希望與恐懼地來欣賞這個現象世界：太陽與月亮，雲朵與蔚藍的天空——或是灰濛濛的天空。松樹與石頭、花園與綠蔭——或是雪地上的灰色草地。正要倒塌的大樓，建築完美的大樓。在店鋪裡進進出出的家庭主婦，拎著公事包在辦公室進進出出的人們。讓司機與乘客相會

的計程車候車牌，當金環敲到金屬柱子而發出叮噹聲響的飛揚旗海。這世界充滿了各種不同的東西。我想我不需要一一重述，**你們**早就知道了。

我們就是社會

　　至於我的世界，在我的祖國西藏，過去一直是這樣的；早晨起床，我們就會聞到煮早餐所燒木頭的味道，也會聞到奶油與茶水正被攪拌成早晨飲料時所發出的味道。在我所住的寺廟裡，一大清早，我就會看到一位侍者進來清掃我的起居室，也會聽到信徒對著佛堂獻唱的祈禱。在早課的唱誦之後，我們就會有份相當豐盛的早餐，令人精神飽滿。我認為，很可能還比美式的早點豐盛六倍以上，即使是墨西哥式的早餐也比不上②。

　　在早上那頓大餐之後，我們西藏人就會出門辦事。有些人會繼續他販售物品的行程。如果你是農夫，就去照顧你的動物們。如果你是個官員，你的工作說不定還包括要拿藤條打罪犯，傳統上來說，這是要懲罰那些想在別人土地上獵鹿的人。這個罪刑需要用到三根藤條。犯人的兩手被緊緊綁在身後、而肩胛骨就會跟著開始內彎，這是很痛的。這些罰條是代代所傳的，現在則被中共政府稱為「西藏的封建思想」。坦白地說，我並不能了解，何以西藏人會被中共視為境內最最糟糕的民族。**他們**自己的封建思想，才真的是糟糕透頂而令人可怖。舉例來說，在中共的朝廷裡，搞不好就有十個清潔工是僱來打掃中庭的，另外還有五位管理員被派來監督，以便在這些清潔工稍做休息時來鞭

策他們。如果有一位清潔工把掃帚放下，就會被管理員用那種會讓人流血的鞭子所鞭打。

　　無論如何，這並不是我們此時在西方所關心的事情，再怎樣都不希望這種無知的行為會在此普及。在我們的周遭世界裡，跟這種鞭策與清掃最接近的事情，就是打字與吸塵。當你受僱於某家公司，而你有個總是會告訴你要做什麼的老闆時，就有點兒像是那些中庭的清潔工。很多時候，你發現你比自己的老闆還要聰明。正如那些清潔工一般，你有時也想休息一下，或是**得要**休息一下。有些時候是你的電腦當機，或是印表機沒有墨水了。或者你想在午餐時出去一下，你希望可以喝到些好咖啡，或是你突然很想來個三明治。所有這些事情都是自然而然的現象。

　　為什麼我要講這些事情呢？因為我們必須了解，我們是生活在社會裡的：我們**有個**社會，而且我們**就是**社會。在座的每個人都是社會的一部分。也許你們其中有些人的工作方式，跟我剛才所說的不太一樣。也許你有足夠的錢，可以讓你經常去滑雪、游泳、潛水或是去玩水上摩托車。雖然我們可以有各種可能的生活方式，不過若以社會上大多數人的狀況來說，日常生活的制度主要是基於要去工作、有個正當職業。

　　有時我們會想去忽略世界的種種問題，自言自語道：「嗯，那是**他們的**問題。」有時則會過於接近那些情境。我們多麼地投入於女性解放運動、男性解放運動、拯救赫必族人（Hopis）③、幫助西藏人，各式各樣的這類事情。以整體來看──在你自身的個人戒律、禪定修止與修

持自心之外——我正試著找出如何真正與世界大眾相處，以及如何幫助這個世界的方式。如果你們之中有人對於如何不造成所謂的落日而能服務這個世界，有些自己的想法與方式，我將會很高興來聽聽。這裡也包括你自己的落日在內。

偶爾去看一場足球賽、或是看個有趣的電視影片是可以的，不過要是你全然盯牢那些景象的話，這就變成了落日。到海邊度個假，待在旅館裡，欣賞沙灘、陽光與海水——即或是滑水——在季節適宜的時候是不錯的，但如果你變得狂熱於此，搞個崇拜太陽的儀式，還希望自己一輩子都當個海灘男孩，那你便是在落日裡了。研讀書籍、想當學者、感激老祖宗所傳下與努力而得的知識——這些都是好事，然而若是你將所有事情都變得知識化，就會連怎麼把蛋煮熟都不清楚了。你被你的小書本如此地吸引住，根本沒有聽到爐子上水滾煮開的聲音。當水正滾熱時，你仍然埋首書中，無法自拔。這就是落日了。

「不」是最大的「是」

對治這種落日心態的方法，就是別再欺瞞。與此相關的是，我想告訴大家何謂「大大的不」（Big No），這不同於只是跟我們的小習慣說不，比方說你會像狗那般地抓癢。當人類幫自己抓癢時，我們的做法會試著稍加複雜一些，不過其實就是在抓癢。一般香巴拉這種說「不」的方式，可以適用於各種事情，像是抓癢——或是不抓——或是讓髮型保持梳整。那個「不」可以帶來一種規範感，而非不斷地否定你。它其實是個「是」，而且是最大的「是」。它是一種學習如何做人

而非野獸的過程。那個「大大的不」則是與「不」完全不同的層次。

這「大大的不」起源於不久之前。那時我與我的金剛攝政④以及許多其他學生，都在嘎拉巴庭（Kalapa Court）、也就是我家裡。這「大大的不」之所以出現，乃因我發現大家都太沉溺於自己的世界。我必須要說「不」。於是我將手臂與拳頭轟地向下，而把咖啡桌給打壞了，我把它撞了個大凹洞。接著我又在自家入口的大廳裡，寫了個巨幅的「大大的不」：大大的不。我為了做此宣言，而把墨汁濺得到處都是。我想要傳遞的訊息是：從今開始，這是「不」⑤。在這之後，我為我的攝政又製作了另一幅書法，當成那個「大大的不」的另一個特別提示，這幅書法目前在他的辦公室裡。那個「不」的意思便是，你不可遷就於那些會使你縱情於自己世界裡的事。在實相之外，沒有什麼特別的實相了⑥。這就是「大大的不」，相對於一般的「不」。你**不可摧毀生命**。無論如何你都不可為了任何宗教、精神或形而上的理由，去把螞蟻踩扁或是把叮你的蚊子打死──一點兒也不行。這就是佛法。這就是香巴拉。你必須尊重**每一個生命**，絕對不能胡亂對任何生命下判斷。這正是香巴拉國王的規定，也就是那個「大大的不」。你不可只聽命於自己的慾望去做，你必須深思熟慮地想好哪些應被捨除，哪些應被培養。

整體而言，香巴拉王國的規則就是要柔和。這其實是比慈心還來得更加令人喪膽的，讓你驚訝了吧。當你柔和時，就沒有敵意存在的可能；我們喜歡帶著敵意，希望能受自己的負面特性加以逞能與帶動。但是在香巴拉王國裡，我們絕不如此、也不應如此。有了香巴拉觀，

就會有歡樂與喜悅，因為我們並非全然被關在自己神經質的地牢中。而能讓人愉悅的，便是我們所稱的東方大日。可以用來示範東方大日的，即是早上十點鐘的耀眼太陽。這個太陽既不再是清晨的太陽，也不再是少年的太陽。它恰要成為大太陽、卻又還不怎麼大。這個十點鐘的太陽，便是東方大日。

也許你聽我說了這些之後，就認為這是真的。不過你還得修持才行；你必須要自己去做，親愛的。我們不能只是在世界各地、到處散佈著哲學訊息，就算我們真有辦法將一個二十四小時不斷傳送香巴拉或佛教口號的衛星送上地球軌道。這又有什麼好處呢？我們必須**自我整合**。

請將你自己視為香巴拉王國的一部分。人們一般會說：「即使換個日子，還是可以賺錢」⑦。但是從佛法的觀點來看，我們要說：「換口氣、換個身」⑧。對於自己能聽聞這些法教，我們應該感到自豪並且相當高興，因為我們還沒真的不支倒地呢！除此之外，我希望大家都能有個好時光，享受生命，並且感激你所接受的資訊。

幾年前，當大寶法王將要訪問美國時，我們與許多人及不同的組織正在一塊兒努力，想要敲定他的最後行程。一位佛學教授告訴其中一位安排行程的人說，我們絕不應該將法王說成是國王。這就完全沒抓到重點了，也根本就是錯的⑨。我們應該要以謙虛而榮耀的態度來做事情，這兩者是同時並進的，它們之間也沒有任何衝突。我們必須發展出謙虛的儀態，一種端正合宜而毫不傲慢的感覺；但是，當我們邀請朋友來家裡坐坐時，就不應羞於將其中的金玉表現給客人看。香巴拉

觀並非基於奉承式的謙虛與民主式的合理。

我希望我們能將自身融合。請加入香巴拉的世界。你邀請我；我也邀請你。這世界一點兒也不小。這可是個巨大的世界。謝謝大家的慈心與良善。即使在我們的精神領袖大寶法王⑩圓寂之後，大家還實際讓我更加長壽⑪。

〈詩偈之四〉
如何去知道「不」

曾有個很大的「不」。
那個「不」下起雨來。
那個「不」造成了極大的暴風雪。
那個「不」把咖啡桌撞了個凹洞。
那個「不」曾是宇宙中所有「不」裡最大的「不」。
那個「不」下起滂沱大雨及冰雹。
那個「不」創造了陽光及同步的日蝕與月蝕。
那個「不」曾是穿著優美高跟鞋的某女士雙腿。
那個「不」是所有「不」裡最好的一個「不」。
當一位紳士微笑時，一個好男人。
那個「不」就是臀部最好的部分。
你看少年們走路時臉頰有著不同韻律的那種步伐，

如果你知道「不」且已受戒，忍辱將與精進一同生起。
那麼究竟的「不」即已成就，落日諸魔便將臣服於你。

當你看著他們後面時，
那個「不」是夢寐以求的大腿，不胖也不瘦，結實而有力，
可以去愛或可以去捨。
那個「不」是能夠將胸膛內縮或外伸的雙肩，是悲或是喜，
從來都不屈服成為一聲長嘆。
那個「不」是一切「不」中的「不」。
問題在於是要放鬆抑或收斂。
沒有人知道那個「大大的不」，
不過我們這些人知道那個「不」。
這個「不」在大大的天空裡，恆久有著墨水的色彩，
這個「大大的不」刺青在我們的生殖器上。
這個「大大的不」並非純粹是顆痣或胎記。
但這個「大大的不」是真正的「大大的不」。
天空是藍色的，
玫瑰是紅色的，
紫羅蘭是藍的，
所以這個「大大的不」是「不」。
讓我們因擁有那個不朽的「不」而慶賀。
這巨石的「不」站立而起並且穿透天際；
因此整塊的「不」也像海洋般寬廣擴散。
讓我們以這「不不」而擁有偉大的陽光。
讓我們以這「不不」而擁有天上的滿月。

讓我們擁有廣大無邊的「不」。
蟑螂的「不不」只有一丁點，
非洲叢林的巨型大象也這般——
交媾中的「不不」與舞著華爾滋的「不不」，
天竺鼠的「不不」，
我們從蚊子的嗡嗡聲中找到所有的訊息與指示。
我們發現某種「不不」。
讓我們的「不不」成為最好的座右銘：
給國王的「不不」；
給首相的「不不」；
給我們身上蟲子的「不不」。
讓我們慶賀「不不」以便長老教會的傳道者在宣說「不不」時會有語言障礙。
讓我們的馬嘶鳴著「不不」。
讓金剛僧眾放屁出「不不」——
巨大的「不不」使咖啡桌上有個大印子。

---

① 譯注：佛洛依德與榮格這兩位學者都是心理學大師，後者曾為前者的學生，之後後者又自成一派，其理論與藏傳佛教有許多相融之處，榮格學派目前亦為當代顯學。
② 譯注：原文 huevos rancheros 為西班牙文，意思是牧場工人的餐點，主要是炒蛋、再配上許多的辣番茄、辣洋蔥與胡椒醬等。通常做為早餐，相當豐盛。

③ 譯注：赫必族人乃是居住於美國亞歷桑納州東北部的印第安人。
④ 原注：這位金剛攝政歐瑟‧天津，是一名美國學生（本名湯瑪斯‧利其），一九七六年由作者指定為其佛法中心的傳承者，亦即其佛教傳承的持有者。這個「大大的不」是在一次頗具影響力的師生會面場合中所呈現的，時為一九七九年。
⑤ 原注：儘管編者未於這次事件的開始便參與其中，但曾於事情發生後的翌日受邀至作者家中，為這「大大的不」做最後的宣言。當時作者以一隻超大型的毛筆來製作巨幅的書法，而走道上則擺著一大張紙旗。當他書寫時，他用力地將筆墜下，並以震耳欲聾的無比音量大喊著「不」。黑色的墨汁濺得到處都是。之後，編者還將自己的羊毛裙拿去清洗，想把沾到的墨汁清除，但是徒勞無功。走廊上的白色牆壁也因此而重新油漆過。
⑥ 譯注：意指除了事物如實的真相之外，沒有所謂你自己的真相、你自己的世界。
⑦ 譯注：原文 another day, another dollar 的引申含意有兩種，「不過就是（又可以再賺錢的日子）這樣而已」，或是「這跟以前還不是一樣（的日子、的金錢可花）」。
⑧ 譯注：以佛法的意涵來說，亦即「人命乃在呼吸之間」。所以，能活著，便應該要開心。
⑨ 原注：作者原本的評語還更加強烈些。
⑩ 原注：第十六世大寶法王壤瓊‧利沛‧多傑（Ranjung Rigpe Dorje）為藏傳佛教噶瑪噶舉派的法王，一九八一年十一月因癌症的併發症而圓寂。他受作者之邀而三次訪問美國，分別是一九七四年、一九七六至一九七七年間，以及一九八〇年，這個課程是在一九八二年一月所舉辦的。
⑪ 譯注：在藏傳佛教中，弟子守戒清淨能讓上師健康長壽，反之則會折壽。作者在此可能是指他的學生皆能依照戒律而所做為，因為讓他得以長壽。也有可能是說，由於學生努力實踐他所教的、而來幫助他人，因此延續了他的傳承壽命。

無所畏懼的輕鬆

第十三章　孤獨與上三道的七善德

　　悲傷與孤獨是痛苦的，但同時，它們也是美麗而真實的。由之而來的就是一種想要幫助他人的渴望。樂意與他人共同努力的意願也會自然生起。由於你關心自己，因此，你同等地關心他人。

　　根據香巴拉的觀點，無論任何時刻都是清晨，這個清晨是相對於落日的。我們的第一個主題就是信任的初升，而這來自你覺得值得以自己做為開始。當你覺得**值得**信任時，於是你可以去信任，你信任自己是可以做為開端的。信任的培養同樣也端看你是否有幽默感、不把事情看得**太嚴重**，包括對待你自己。因此，信任也從謙卑培養而來。你並不會光以**你自己**的想法來下定論，對於你之外的世界，及事情如何運作與事物從何而來，都存著一份尊重。你開始發現你周遭的世界相當活潑、真實與明顯。你開始經驗一種真實感以及存在感，於是你生起一種抬頭挺胸的振奮感。

　　然而不論如何，世界上仍舊存在與發生著如此眾多的悲慘、混亂、腐敗，一股悲傷之情便會油然而生。這種悲傷是去感受你的心，實際地、完整地、全面地去體驗你的心，它同時也伴隨著一種孤獨感。你希望自己可以趕快去跟某人一吐為快，把你的心掏出來、分享

所有的事情,以便自己不必感到悲傷。你很想這麼做,但卻不可能做到。這就像是未實現的愛,當你試著要告訴某人你有多麼地愛對方,然而對方卻不了解你何以要造成如此戲劇性的情景。孤獨感是油然而生的,它是自然而然的,你並不需要真的得去**發展**出孤獨感。問題乃在於孤獨感是否實際出現,並且你有所領會。當上述情形發生時,與他人溝通就變得相當單純了。

與悲傷共處

　　悲傷也與沒有懦弱有關。當你覺得有勇氣時,你無所畏懼,也同時感到悲傷。那種悲傷並不是因為覺得低潮與憂鬱而悲哀,而是隨時在你心中的一種令人流淚的悲傷。一旦你體會到從基本良善所生起的勇氣之後,你便也會感受到悲傷與孤獨了。就算你在慶祝佳節、參與聖誕聚會或是新年舞會——不管你做些什麼想要忘記這種悲傷——悲傷依舊與你同在。你愈想要享樂、而你也**真的**愈享受時,感到孤獨的悲傷仍然持續存在。

　　這種悲傷也會帶來一種輕柔對待自己的柔情。這與憂鬱或是想要自殺的感覺是完全不同的。當人們覺得憂鬱而寂寞孤單——而不是孤獨時——有時會想要自殺,以便除去自己的身體與周遭的憂鬱。然而香巴拉的這種悲傷,會讓你想去生活並且幫助他人,同時也會出現極大的幽默感。然而不管如何,自己一人的悲傷感依舊存在。

　　這好比是你在微光中獨自於森林裡漫步。你聽到鳥叫。你瞥見從天空而來的一絲光亮:或許是看到新月、或許是看到星辰。伴隨著一些

野花的綠草，這股清新想要讓你歡欣。遠處，狗兒們正在叫著。遠處，孩子們正在哭著。牧羊人呼喚著他們的羊群。在美國，更有可能的會是，你聽到遠處有卡車與汽車在高速公路上呼嘯而過。獨自走在這林地裡，你依然能夠聽到與感到它們的咆哮。

當風兒吹過你的臉龐時，你感到一絲清新。你嗅到樹林的清新。或者你還會偶爾因為有一隻小兔子從灌木叢裡跳出來而被牠嚇到，或是偶爾有一隻小鳥因為你走過牠的鳥巢而受到驚嚇。福壽草長滿你所走的小徑上。當微光依舊，你感到一股對自己丈夫、妻子、孩子與祖父母的柔情與悲傷。你回憶起自己曾經就讀的學校教室，以及你第一次上學時學習拼字的樣子。你想起自己如何學著拼出自己的名字、怎麼學著寫出 j 和 o、m 和 a 等那些字母。

獨自一人的悲傷感就彷彿是在森林裡漫步那般，那是事物尚未全然離開視線的交界處。你仍舊可以感覺到這一片林地是由其他生物、包括人類在內的各種生物所圍繞著。你聆聽著自己的腳步聲，右腳、左腳、右腳、左腳。偶爾你踩到一根乾掉的小樹枝，還帶著碎裂聲。也許不時還會有蒼蠅嗡嗡作響的聲音。悲傷與孤獨是痛苦的，但同時，它們也是美麗而真實的。從之而來的，就是一種想要幫助他人的渴望。樂意與他人共同努力的意願也會自然生起。由於你關心自己，因此，你同等地關心他人。這似乎可以讓悲傷感稍加緩和一些，然而悲傷依然伴隨著你。

你開始看到自己：你領會到自己是獨特的，也可以知道有時是怎麼讓自己變得這般滑稽。這種悲傷感不斷出現。然而你開始領悟到，

這種獨自一人的狀態,是有些好處與建設性的。這種體驗就帶來了虔誠,也是一種對於已然完成這段旅程的偉大勇士們之信念。這種虔敬的對象也可以是亞瑟王①的騎士,或是任何對你有所啟示的傳說中之偉大勇士。當你生起對他人的關心之情,就會帶來一種對你所生長的這個世界之虔敬心與奉獻心。同時,關心他人也會帶來出離心,你因有所感而捨離任何的曲解、自私、任性與傲慢。

接納平凡的本然

接著,一種根本的整體感於焉而生,我們稱之為東方大日。之所以**偉大**乃在於它的寬廣無垠與不可思議。一個人是無法一針一線地去測量宇宙浩瀚的,但由於它的寬廣,故而為偉大的**東方**:寬廣的可能、寬廣的遠見、寬廣的孤獨、寬廣的孤單、寬廣的悲傷。我們總在東方,那兒會有覺醒的晨曦。只要一息尚存,我們絕不沉睡,也從不對生活與呼吸感到疲憊。我們絕不會因為睜眼而覺得勞累,我們從不對這種孤獨感到足夠,這孤獨裡有著這片林地的活躍。

東方,是遠景的開端所在。這與地球、地理或是種族上所指的東方,包括印度、中國、日本,或是亞洲其他國家,是沒有關係的。只要我們睜開雙眼,只要我們一息尚存,我們所面對的就是東方。無論你在哪裡,都是以面朝外,你所看的就是東方。東方就是向前、直接、向外,所投射出來的世界:偉大的東方。

接下來是東方大日的**日**,這與傳統日本文化中所說的晨起之日差別很大。東方大日是十點鐘的太陽,高掛天空,而非早晨七點鐘或八點

鐘剛剛從地平線升起的朝陽。我們所說的是青少年期的太陽，這個東方大日或許剛滿十七歲。太陽就是照耀戒律之道的光芒，讓我們知道該做什麼、不該做什麼。當我們在廚房裡煮菜時，東方大日指引我們，以便我們不會把自己的手指頭切掉！東方大日讓我們閱讀報紙，以便可以得知天下大事。東方大日讓我們彼此問候，老公問候老婆、老婆問候老公、爸爸問候兒子、爸爸問候女兒、小孩問候雙親。它讓我們說道：「早安，你今天早上怎麼樣？」就連狗兒們也在東方大日的照耀之下，而能叫得恰當。

東方大日是單純而直截了當的指示，告訴你該做什麼、不該做什麼。它告訴我們如何讓自己高興起來。當我們飛揚著東方大日的旗幟時，白色的背景代表偉大的東方，黃色的圓盤則代表太陽。東方大日是一種歡愉感，伴隨著它的不可思議性與開放性，讓我們知道如何生活。

從東方大日所升起的就是虛空中的那一點。不管你的心智狀態是一片混沌困惑、處於中性狀態、還是充滿著下意識的談論不休，虛空總是存在。虛空中的那一點，亦即我們所稱的初念，也是最好的念頭。在你出神的當兒、在你淋浴的當兒、在你穿褲子時、在你吹頭髮時、在你煮東西時，在各種中性狀態的作為當中，那「一點」是猛推你、搖動你的尖點。原本你一向是相當自在且非常天眞地過日子，忽然沒來由地殺出個程咬金。第一念，也是最好的念頭。這個體驗是一種生於上三道的標記。只有人類有機會看得到這虛空中的一點。

讓我們無法看到這虛空中一點的障礙，就是我們不斷地在尋找娛

樂自己的方法。當你仰望天空時，如果你看到的是蔚藍的天空，你卻不怎麼接納它，你想來點兒雲朵。我們總是想要其他的東西。然而，這現象世界依舊充滿各種美妙的可能性。你並不需要去找額外的方法來娛樂自己，問題只在於你是否接受並承認事物本然的狀態，如何學會去接納不平凡本身的平凡性（the ordirariness of extraordinariness）。這需要相當有戒律才做得到，尤其是在西方。我們甚至一個禮拜中都不吃兩次同樣的餐點。我們老在試著將一個東西變成別的樣子，也因此抗拒去規劃任何的日常作息。我們試著去避免熟悉，覺得那樣是無聊的。

香巴拉的方式，便是要我們如實對待所有事物。這些每日發生的事物，是真實、明顯而又不間斷的。於是初念、那最好的念頭，就成了令人驚醒的經驗，把我們嚇醒而回到真實。我們往上看到的，可能還是一樣的蔚藍天空；我們每天開去上班的，可能還是一樣的老金龜車。然而這樣的平凡就是不凡。這是對分法：當你用全然平凡的方式來過生活時，這就是不凡。這個你得要自己試試看，你才會有所了解。我沒辦法真的用語言來說明，甚至也不會試著去解釋。在佛教裡有個說法可以用在這裡：「就連諸佛之舌也麻了。」有些特定的事物連佛陀也無法解釋，問題在於有否身體力行。看看你自己吧。如果在你心有所想的時候，同時也能開放心思，或許會有某種猛撞的東西將你搖動。這是我所能想到最相近的解釋了。你得自己去做。

帶來初念的七善德

下一個主題是上三道的七善德，這讓我們與畜生道有所分別，也是何以要與虛空中那一點共同努力的道理。這七種善德或說七種醒示，將會成為我們見到虛空中那一點的來由。第一個是**信心**，或說是真誠。你無所造假，也不故意給別人好印象。信心也是對於香巴拉智慧的欣賞。第二個是**戒律**。你日常生活中的言行舉止皆如理如法，不會邋遢。第三個是**勇敢**。每當有所挑戰時，你就超越它。勇敢是橫渡恐懼池之橋，你害怕會掉進這個池塘，但是有了勇氣，便能將恐懼踩於腳下。第四個是**學習**，或說研讀香巴拉的準則，以便你能了解智慧。第五個是**端正**，也就是培養行止良好的自我尊重感。第六個是**謙虛**。你不起傲慢，但又保持著謙虛與謙卑。第七個是**妙觀察**，學習去明辨或區分何者可為、何者不可為。

你必須努力去達成這上三道的七善德。這是一段旅程：前一個善德將引導至下一個善德。因此，成就這七種善德是一種線性過程，同時每一個善德又都與根本的戒律有關。由於**信心**，而有所啟發去持守戒律。由於**戒律**，因此變得**勇敢**。因為勇敢，你想要**學習**更多。當你經由學習而獲得知識時，你培養**端正**。由於你的端正與優雅，你開始生起**謙虛**與謙卑，一點兒也不自我膨脹。因為你的謙卑，你開始具有**妙觀察**，知道如何分辨事物，何以取、何以捨。

經由修持上三道的七善德，你就會發展出可以帶來那初念的能耐。有時你自己所謂的初念，乃是充滿憤怒、憤恨或是其他的一些習氣。這時，你所經驗到的其實是第二念，而不是真正的第一念。它一

點兒也不清新,就像是一件上衣穿了第二次那般。它已經被穿過了,所以你不能真的說它是件乾淨的上衣。這好比是錯失了那第一念。初念是個清新的念頭。經由修持上三道的七善德,你便可以帶出這清新的初念。於是,你開始更加清楚而明確地看到那虛空中的一點。當然,可別拉著一張臭臉來做這七種善德,而是以一種在林間散步的喜悅,與一種再度年輕而神清氣爽的感覺來做。

在西藏,當小孩子到了七歲或八歲的時候,我們就會讓他們學用刀子。有時他們會傷到自己,不過大部分時間都還好,因為他們的年紀已經足以正確地學用刀子。他們學著要小心謹慎,也知道自己其實是有能力的。在八歲的時候,一個西藏農牧村落的小孩,可能就會被要求去管理一群家畜,包括小羊與小牛在內。我們讓孩子們到山林裡去照顧他們的動物。他們必須留心注意,且要在擠乳的時間把羊群與母牛帶回村子裡。他們得要確保幼小動物的安全,並用大人所教的方法來阻擋野獸。所有這些知識都會傳授給孩子們。

因此,西藏的孩子們完全沒有什麼玩耍的時間。他們也玩耍,不過同時也在工作。如此這般,他們就知道要如何生活與如何成長。我想在西方的問題之一,便是孩子們有太常跟玩具在一起,與真實事物相處的機會卻不夠。他們無法真的自己一人到外頭去,並且做些有建設性的事情。他們得去想像自己是在工作著。將真實世界介紹給年輕人,是一件健康的事,而不要只是說:「他還是個孩子,他不能做那個。我們才是大人,必須照顧孩子。」我們置於孩子身上的限制是相當假設性的,我們對於年輕人有如此之多的成見。孩子們有能力照顧小

動物，就像他們有辦法學著去讀寫一樣。他們做得非常好。

在我的祖國裡，很少有什麼學校。孩子們的知識，大多都來自於自己的雙親與祖父母的教導。他們並不認為學習讀寫是一種責任。今日的孩子們常會問道：「我們真得去上學嗎？」但是在西藏，孩子們將學習視為成長過程中自然存在的一部分，這跟看守家畜或放牧羊群是有同等份量的。在孩子的養育過程當中，較少成見而較多實際。比較多的重點是放在如何成為一個個體，儘量不去依賴他人。於是，他們在生命的早期就開始學著獨處，這可以當作是勇士訓練的開端。

機械時代的生活

我們在這個地球上，已經存在數百萬年了。代代相傳下來的包括困惑在內，我們也忙著為他人製造困惑——我們想要去賺別人的錢、使用一堆花招、或想出一堆處理事情的簡單方法。在這機械時代裡，有太多舒適的參考依據。對於現代的父母來說，把孩子送到學校去讀書，被視為一種解脫。在一天裡的某些時間當中，你把孩子安頓在學校裡，以便可以有些自己的時間。很多問題都來自這樣的懶惰。我們並不是真的想要處理問題，也不想再弄得灰頭土臉。真實已然經由他人的經驗而傳授予你，然而你卻不想自己去體驗真實。糟糕的資訊與懶惰的性情也被代代相傳到我們這裡來，而我們就變成這種心態的產物。

接著就再也沒有人想去樹林裡走走了，更別說是獨自一人。就算你真的去那兒散步，你至少會帶著三到四個朋友、你的露營裝備一塊

兒去。你還會帶著丁烷瓦斯，以便你不必去蒐集木頭就能在樹林裡燒起營火。你在你的丁烷爐上煮著食物，你也當然不會睡在地上，在你那小帳篷裡可有著舒適的墊子。所有事情，都被隔絕在真實之外。我並不是建議，我們應該要變成自然主義者，並且忘掉這些現代科技。但是一個人必須有獨處的時間，真的去學習如何面對孤獨。當你在樹林裡，由於你空手拿樹枝互擦、因而刺出一個小傷口時，你不需要立刻就拿小繃帶去貼它。你可以讓自己流一些血。你可能也不必用到小繃帶，這個擦傷或許會自我癒合。

　　一切事物變得如此有規劃性與機制性。科技是卓越的，它是許多世紀以來的努力成果。由於千百個人們的心血，我們才能享用目前的科技。這是很棒的，也是值得讚賞的。但是，我們使用科技的方式的確造成問題。不是嗎？

　　如果我們想要有所享受，就需要有戒律。在香巴拉的傳統裡，禪坐修持就是根本的戒律。在剛開始時，你會不想坐在蒲團上，更別說是坐著不動。當你安然度過這種像是萬里長城的抗拒障礙之後，接著你便在這長城之內，就可以來欣賞這種直挺、清淨與清新。

　　若是不斷有讓你停止專注的誘惑時，你就把自己帶回來。這好比是看管一群母牛，而牠們可多想跨過圍籬到鄰居的田地上。你必須把牠們催回，不過可要帶著一種愉快來做。持守戒律是一種相當個人的經驗，它是極度地個人化，就像是與他人擁抱。當你在擁抱某人時，你會疑惑：「不知誰會先放下手臂？該是我先呢？還是對方先呢？」

　　你擁有如此的熱切與基本良善。也許你並不相信這點，然而在你

心裡，它可是閃耀奪目的。我們之所以能與他人溝通東方大日之觀，乃因我們與別人的內在都擁有東方大日。假設每個人都相信他們都只有一個眼睛。我們得讓大家了解，他們是有兩個眼睛的。在一開始時，會有許多人反對我們，認為那不是真的。他們會控告我們散播錯誤訊息，因為他們被告知且也相信他們只有一個眼睛。然而，總有某人會領悟到，他們的確是有兩個眼睛的，於是這樣的知識就於為傳開。香巴拉的智慧實際上也是猶如這般地，或是愚蠢、或是千真萬確。這是相當明顯的。但是由於過去的習氣以及其他障礙，我們從不讓自己去相信或是去看到。一旦我們開始這麼做，我們就會領悟到它的可行性與真實性。

〈詩偈之五〉
謙讓者：具影響力的淡然平靜以及具危險性的自我滿足

在這濃密叢林中，
猴子們搖擺懸盪，
蛇類們四處盤繞，
多少日夜已度過。
忽而我見識到你，
條紋如日影交替。
緩緩掃瞄與嗅聞，並且豎起你雙耳，

聆聽悄聲沙沙聲：
你具超敏感天線。
步履輕而漫步徹，
將足掌與爪下壓，
陽光掩飾下行動，
外皮優美色澤好，未被觸及或所擾。
毛髮一一皆豎立，彷彿若有自生命。
雖具貓科彈跳性，以及暗中狡猾能，
然而偽裝成謙讓，舔唇時仍會流涎。
飢渴想獲取獵物——
猛撲猶如年輕人、交媾達到性高潮；
你教導那斑馬們，何以他們黑又白；
驚嚇高傲之鹿群，指示牠們即便怕、也要具有幽默感。
叢林中徜徉已足，
太陽使者般突襲：
抓取、猛撲、爪扒、爭咬、嗅聞——
這般謙讓之老虎，能達到牠的目的。
謙讓虎實為榮耀！
徜徉漫步無止盡，
狡猾謙讓地猛撲，
舔腮鬚而打飽嗝。
喔，當老虎還真好！

① 譯注：亞瑟王是傳說中西元六世紀的英國國王。

第十四章　四季之王

　　一個王國不必然就是個國家。這個王國是你的家，而你這一家人即是一個王國。在一個家庭裡，你可能有一個爸爸、一個媽媽、一些姊妹、一些兄弟。對你而言，這種組合本身就是個小王國，可以讓你實際作個國王或女皇並與之共同努力。對於那些沒有自己家庭的人來說，則可將心力放在如何妥善而全然地安排與實行他們自己的個人戒律。

　　我們必須要了解相對於落日的東方大日之**概念**。這個落日並不抽象；而是某個你能克服的真實東西。這個落日世界並非就在美國，中世紀也不是東方大日的世界。我們所說的是要去克服輕率浪費，並且成為一位正直的人。

　　那虛空中的一點——第一念、最善念①——自然就能克服這個落日。只有落日的念頭是第二念，儘管它有時可能會被偽裝成第一念。但這並不是最好的念頭，一點兒也不是。你必須放棄所有的這類第二念、第三念，以及即使是可以算到第八或第九的念頭。當你開始捨棄它們，就會回到第一念。在你幾乎要落入絕望而失去信心時，這將能提供一種廣闊的空間感，讓事情得以開始更新。

落日世界的寂寞孤單感，是非常強烈的。經常會有許多人去自殺，就是為了這個緣故。那些在落日裡沒有自殺而存活下來的人們，則必須維持他們的「幻境」②，假裝他們正在進行一段酷斃了的旅程。我之前曾拜訪過「依薩蘭學院」（Esalen Institute）③。在那裡的每個人都過得**帥呆了**，以他們的用語就是這樣，以便試著去避開現實。那裡整個擺設都是基於要去避開真實；因此，你可以過得**帥呆了**。那地方是如此地**帥呆了**，多麼酷斃了的地方。你從不需要去做任何工作，他們絕不會要求你到花園裡，拿個鏟子挖開土壤並且種植花草。那裡已經種好了各類花朵，讓你摘下或插在頭髮上。這麼一個**帥呆了**的地方，備有各式各樣的思想學派各種不同的訊息學派、以及各類方式的體能訓練，好讓你變得更年輕──以便你可以忘掉無常。

　　這是個讓人來當青少年的地方，即便你已經九十歲了也行。有些老人的行為也真的像是青少年。事實上，他們就像青少年那般地談話與思考。落日的哲學對某些人來說，是極具說服力的，因為它與自己的迷惑相輔相成。對他們來說，迷惑被當作是一種**潛能**。當人們說誰和誰具有很大的潛能時，意思通常是，這個誰和誰具有很深又很密的迷惑。那虛空中的一點能夠斷除這類的偽善，並且帶來以真理與自然尊嚴為基礎的端正合宜。當你打噴嚏時，你不必只是因為你剛好有這個身軀、而你又打了個噴嚏，就得去向任何人道歉④。端正合宜是一種自然而然的尊嚴與優雅，不需要刻意經由欺瞞迷惑才能培養出來。你不需要去「依薩蘭學院」裡找這種東西。

　　同在（togetherness）是另一個代表端正的用語。如此美妙的端正合

宜，是一種自然與情境相和的意境。你不需要修整你的服裝，它自然地服服貼貼，還帶著尊嚴與美麗。這種端正或是真誠，是由於你見到了那虛空中的一點。從那時起，我們開始培養出無所畏懼。首先，你看到了恐懼。接著，經由端正而克服了恐懼；到最後，由於見到了虛空中的一點，因而達到了無所畏懼的意境。

　　無所畏懼像是隻老虎漫步在叢林之間。這隻老虎輕步緩聲，一副自給自足的樣子，同時也隨時可以跳躍──不是因為偏執妄想，而是由於自然反射，由於一個微笑與一種幽默。香巴拉的子民，並非都是正經八百的人。他們在四面八方的各處都看得到幽默，也能在各處都找得到美麗。這裡所說的幽默，並非是要嘲弄他人，而是要去欣賞大自然的趣味。

　　當你達到了無所畏懼的境界之後，就可以捨棄你那巨大的包袱，那裡頭裝滿了一堆你拿來保護自己不接觸大自然的東西。你開始領會到，大自然有它自己的特性，你也開始跟大自然共同生活。在無所畏懼之中，一股自在感油然而生。由於無所畏懼的自在與自然，你覺得你並沒有被什麼攻擊，因此也不必去防禦自己。你不再有什麼偏執妄想。有了這種自在與放鬆，你的頭開始抬起、肩膀也跟著挺直。一般來說，我們的頭與肩膀都是正襟危坐的樣子。一旦這種極大的自在出現時，你覺得你就是在那裡，像是陽光，如此光耀又如此自然。這即是純粹而毫不爭議地見到了這個宇宙。

　　從這而起的，即是大自然的階層體系。依據字典的解釋，階層體系是一種金字塔形狀的權力結構，而你不斷向上攀升、直至頂端。不

過我們這裡講的，則是大自然的階層體系，這是當一個人第一次體驗到東方大日，並且見到它的幽默性時，所會出現的東西。

這就像是四季。嚴冷的冬季過後、隨即邀請春天來到，春天過後、則帶來甘美的夏日，夏日過後、又帶給我們秋天的豐收，其後再次回到冬季。冬季的紀律再度讓步成為春天美麗的綻放過程。春天將雪融化，帶來夏日開展的土地。然而再次地，夏日的一切可能性仍舊無法持續到年底，於是秋天的紀律出現。當秋天將要結束時，我們就發展出冬季的專心一致與一心一意。我們可以就這麼不斷而再三地繼續這般。當冬季的專注性開始失去其掌握度與支配性時，就變成了春天。花朵開始成長，樹木也因枝頭的花兒將要綻放而變得柔和。當春天願意成為揮霍無度的夏日時，接著夏日的奢侈就出現了。然而無論如何，總是有個什麼審計員或管理員會說：「夠了就是夠了。」

接著夏日轉變成秋天，然後又將冬季的實際性帶回給我們。我們享受著家中所燒熱的火爐，真正的真實出現在冬季裡。人類與動物不一樣。我們必須穿著一層又一層的衣服來面對冬季：內衣褲、短上衣、高領上衣、毛衣、夾克與高領外套。這些層層的衣服，幾乎讓秋天的豐富又再度出現，不過當我們終於夠堅強可以面對冬季時，就太遲了，因為春天已經再度降臨。春天的歡愉，帶來了讓真理可以成為真實的可能性，儘管當我們看著樹梢上那些嫩弱的花苞時，我們是無從得知的，說不定會忽然就來一場暴風雪或是霜降。春天好比是一個將要微笑的人，只是開始咧嘴、卻尚未露出牙齒。接著在夏日，我們露出了自己的牙齒、來個像樣的微笑。這就再次將秋天帶回。接著，事

實就是事實。夠了就是夠了！在冬季裡，我們烤著好吃的麵包，吃著我們的稀飯，並且享用秋天所完成豐收的五穀。我們可以繼續這般……這就是大自然的階層體系。

在自然中尋找你的王國

這裡有著一位國王或女皇。這位國王對於自己能當國王覺得開心，就像是春天一般。這個春天國王是由他的臣民所加冕或任命的。所以這位國王在獨處的時候，一點兒也不會變得傲慢或自大。這位國王感激他的臣民擁戴他登基。這位國王欣賞整個過程，這就是國王的**狀態**——王國。讓這個王國蓬勃發展，讓我們擁有自由，也讓所有臣民享有這個王國。讓我們的孩子能有優良的學校，讓所有的工作者能有良好的工作環境，並讓眾多的工廠皆能生產出他們最好最多的食物與衣服。讓一切的子民成為如此地優雅與美麗。這就是夏日。

接著則是這個王國的秋天景象：讓我們不要縱情，而讓我們來個什麼政府的體制。讓我們擁有良好的機構。讓我們真的知道如何適當地與他人共事。這就帶來了冬季。當這個王國變得冷酷而問題重重時，我們不將之視為這個王國中的一種侵害或憂鬱。我們認為這是個機會，好讓我們表現自己身為這個王國的子民，是多有勇氣與傲氣。如此這般，大自然的階層體系即是立基於四季。

一個王國不必然就是個國家。這個王國是你的家，而你這一家人即是一個王國。在一個家庭裡，你可能有一個爸爸、一個媽媽、一些姊妹、一些兄弟。對你而言，這種組合本身就是個小王國，可以讓你

實際作個國王或女皇並與之共同努力。對於那些沒有自己家庭的人來說，則可將心力放在如何妥善而全然地安排與實行他們自己的個人戒律。你吃著早餐、午餐與晚餐。你與朋友會面，做你的工作，做你的研究。這其中自然而然地有個模式存在。這個模式應該是令人喜悅、也是讓人開心的，而不單單只是義務性質而已。

我看到、也聽到不少人，認為他們生活中的規律性是一種痛苦，他們希望每一分鐘都有不同的菜單。你必須找個地方安頓下來。你必須努力讓生活有所規律和紀律。傳統上來說，香巴拉的子民會在一個工作待上至少五年。我自己做這行則是已經四十個年頭了，而我壓根兒也不想去改變我的工作。這中間若是愈有紀律，就會變得愈有喜悅。這在香巴拉訓練當中是十分重要的一點。

你可以幫助他人不再虛度光陰。基於你自己所得到的啟示，你就能夠幫助人們離開他們所陷入的情境當中。通常，字義上來說，輕率糟蹋的原因是來自這個人被困在同一個地方。他們去同一個地方、聽同一種音樂、做同樣的事情、吃同樣的食物。你可以幫忙改變他們的態度與環境。帶著你自己的香巴拉啟示，將他們帶到不同的環境。一開始，他們或許會發現這有些怪異；然而不管如何，他們很有可能會發現，這樣做其實比較開心。

至於你是否能做他人的領導者，這得看你自己的發展如何、對自己有多少信心、受過多少訓練。若是你覺得自己日常生活各方面的能力足夠、訓練足夠、做得夠了，你就可以開始去幫助他人。這一切端賴你自己個人的發展。從佛法的觀點來看，創造戒律並且照亮我們自

我的那些朋友被稱為僧眾。在香巴拉的文化中，我們將這些朋友稱為勇士。勇士能夠提振彼此並且共同創造勇士的社會。順帶一提的是，勇士，乃是可以用於男士或女士的詞語。

在你我之間有一個強烈的力量將我們結合在一起。我們共同分享著東方大日，而這本身即是相當有力而要緊的，無論是在多事之秋、還是太平盛世皆然。我們一起分享著對這個世界的關心，這就代表我們共同分享著香巴拉王國及它的傳統，我們是東方大日裡的兄弟姊妹或是父子。

歡迎來到香巴拉的世界。我很高興各位能來到這裡，將自己個人的負擔放下，並且以慈悲來揩起他人的重擔。可別懶惰喔。這個世界相當迫切地需要你，所以請試著將這些法教用於你每日生活的各種情境。也請不要忘記，我們還有很多事情要做。數千百計的人們都需要極大的幫助。

我想我已經說了幾乎所有的事情。沒有什麼是沒有說到的，除了最後這件事之外，那就是要與朋友分離了。我想與我最好的學生、最棒的聆聽者、最偉大的未來勇士們舉杯慶賀。這一點是無庸置疑的。敬致過去、現在、與未來的勇士們，且讓我在此舉杯：敬致無畏！

〈詩偈之六〉
四季如宜的生活

孩童們裸足奔跑，
老人們倚著柺杖、嗅聞著清新空氣
春天多麼地良善——我們皆綻放盛開

這是雨傘活躍的時節
馬匹的路徑變得泥濘
菊花與牡丹如此繽紛
夏日實為皇帝的節慶

天上落下到我的頭上
發現不過是一個蘋果
這是多產富饒的時節
五穀如風暴般侵襲著

家是如此地令人珍惜
白色的世界多麼地冷
但冰柱的音調真優美
皇帝回到了他的宮殿

① 譯注：在佛教中有一種說法，初念為最善。
② 譯注：作者在此原先的用詞是 trip，但由於他刻意加上強調，所以翻譯時也用 trip 的俗話之意，也就是幻覺或幻境。
③ 譯注：「依薩蘭學院」位於美國加州某處的海岸，學院的主旨在於要以「全人觀」的發展自我，著重於藝術行動、心靈與心理方面的實踐；其獨特的設備包括天然氣泡浴池、選擇性天體營等，再加上優美的環境，吸引許多人前往。
④ 譯注：在美國有個習俗是，如果有人打噴嚏，他必須要說：「抱歉！（Excuse me！）」才算有禮貌，然後別人會回答：「（上帝）保佑你！（Bless you！）」。譯者十多年前第一次去美國唸書時，對這事兒渾然不知，打了噴嚏還繼續專心上課，卻被同學回以怪異的眼光，好像他們眼中的人是來自於不懂禮儀的蠻邦；後來看著別人怎麼做，這才恍然大悟。

第四部
威　力

　　從本章開始接下來的第四、五部（十五至二十一章），都是以讀者在現場般地來撰寫。邀請您的參與。請大家入座。這場開示即將開始。

勇士之吶喊

第十五章　良善的基本喘息

諸位早安。我很高興能在這裡。各位的甜美與諸君的善心令我感觸良多，我希望這裡面也可以有些潛藏的犬儒嘲諷。我們的開宗明義就是「早安」，因為東方大日從不落下。

讓我們再回來談談基本良善。我們究竟何以會具有這基本良善呢？何以它是基本的？何以、也好在，它是良善的呢？基本良善端賴於你的初心、你的初念。在念頭出現以前，你有個喘息、一種短促的吸氣，「啊—啊！」① 不管你想些什麼，即便是在你有所想之前，在那個喘息之前，就有個虛空。而它是清淨的，而它會「啊—啊！」有時候你想說自己真是有夠聰明的，以至於無法再想出任何東西。就只是「啊—啊！」而已。

那就是基本良善。它之所以良善並非相對於壞惡。它是基本的空無，只是空無、只是清淨。那個基本的喘息、基本的覺醒、基本的「啊—啊！」——就在你快要打嗝之前的東西——加起來就是基本的香巴拉之心。從這裡，不管你是否相信，無所畏懼即會生起。恐懼是另一種的「啊—啊！」無所畏懼也是「啊—啊！」一旦你領悟了這基本的喘息，你將會無所畏懼。

由此，你開始了悟到個人的尊嚴，並且安於做你自己、安於基本

的狀態、安於做個施密特先生、安於做個紐頓小姐。能夠當個施密特先生不是棒極了嗎？可以當個紐頓小姐不是酷斃了嗎？請來個微笑吧。你裡面有個會讓自己舒適的咧嘴微笑，不僅你的笑顏逐開、你的心裡也有笑容。這種喜悅與棒透的感覺是一直都在的。

順帶一提的是，這可不是什麼理論。我，做為「木克坡之主」，自己就有這種經驗。或許你可以將我認為或說成是「木克坡之主」。「木克坡之主」是我的頭銜、也是我的名字。「主人」就像是天空，「木克坡」則好比天空中的陽光。我出生的時候就是一個西藏的地主。「木克坡」是我的姓名，我的真名，我的本名。字義上來說，它代表「黑暗」。「木克坡」就像是當太陽落下之後的黑暗，不過這裡還有個有趣的轉折。當物體的太陽落下時，「木克坡」接著閃耀。「木克坡」如陽光般照耀。

各位女士與各位先生，我之所以想要將自己做為「木克坡之主」的身份正確地介紹給各位，是因為各位都是我族的一份子。即使是在黑暗時期中的最黑暗期，一定還是會有光明的。這個光明帶著一絲微笑，這是香巴拉的微笑、無所畏懼的微笑，也是領悟到人類潛能裡頂好中的頂好而出現的微笑。

我們還有很多要討論的東西。不過以目前來看，我希望各位不要用推測的，只要純然存在著（to be）即可。看看自己的心吧。就這樣純然存在著（Just be）。保持你的姿勢，挺背坐直，抬頭挺胸，這就是優秀勇士的雙盤跏趺座。這可不是什麼意氣消沉的狀況。我們所在的地方，乃是前所未有的頂級之處，也是最令人開心的世界──我們稱之為

覺悟的社會。

且讓我們都微笑吧。保持你的坐姿,當我數到三時,你就跟著做。一、二、準備……我們是全世界最高興的人,我們是全世界最覺悟的社會。這是相當動人的,也是十分真實的。我們可不是在跟自己開玩笑。

我想跟諸位解釋一下,何謂勇士的彎腰。這個彎腰是由立姿或坐姿所做成的。你可以是坐在椅子上、跪著或是以禪修的姿勢跏趺座。你以彎腰來表示問候,以彎腰來表示尊崇。在一場會面開始時,你可能會先彎腰鞠躬;而在結束時,你也可能會彎腰鞠躬。

當你彎腰時,你的姿勢是直挺的。你的身軀、你的雙肩、你的頸部都要保持直挺。你坐直,像是支好箭,接著你的手臂就成了弓。你將雙手置於大腿之上,而雙臂與身軀稍有距離並稍向外,形成一個柔緩的圓弧狀。於是,當你彎腰時,便彷彿直接射向你的標靶。弓與箭是一同彎腰的。

我們何不來試試看呢?你有辦法這樣做嗎?坐得直挺挺的、像支箭一般,並且將你的雙手、雙臂與雙肩變成弓。這樣你就可以準備來彎腰了。當你彎腰時,可別自找危險或自尋障礙。只要完完全全地彎腰就好。

讓我們再練習一次。坐直、坐挺。把你的雙肩納入。你的頭與肩都要保持筆直。接著,保持抬頭,並向前彎曲,肩膀跟著,再向下彎曲。再彎下一點。接著將你的頸子由肩膀下彎一些。最後,把你的頸子整個下彎。

交換一個彎腰，便彷彿是與你的愛人分享一個親吻一般。首先，你將臉朝向你的愛人。然後，你把頸子朝著你的愛人下彎，接著，你的愛人也會將他的頸子朝你下彎。於是你們相擁。我以上述來舉例說明如何用彎腰來放下身段。

　　感謝各位的來到，我愛大家。非常謝謝你們。

---

① 原注：如果你短促地以口吸氣，以便能聽而自己呼吸的聲音，你就會發出作者在此所說的類似聲響。

第十六章　幫助他人

　　香巴拉訓練的目的就是要幫助他人，解救他人，並且治癒他人的苦痛。這即是重點所在。這個世界上有如此眾多的人們陷入迷惑當中、或是深受精神疾病之苦，大家的責任便是要去幫助他們。至於你要如何化為行動，則看你是做什麼行業。你也許是在照顧幼兒；你也許從事精緻藝術或是拍電影；你也許是個園藝家，在溫室裡種植花草。重點在於，你要以你專業中所能用得到的任何方法來幫助他人，不管你是做哪一種行業的都可以。

溝通與鼓勵

　　為了要能幫助他人，首先要做的便是抬起你的頭、挺起你的胸。接著，可別試著讓別人轉而相信你的教條，只要鼓勵他們就行了。無論他們的專業為何——畜牧的農夫、律師或計程車司機都好——首先，提升**你自己**的心識，然後以他們的用語來與他們談話。可別刻意想要他們加入香巴拉俱樂部、任何佛教的場合，或是任何這類的東西。就讓他們以自己的方式來做。喝杯飲料、吃頓晚餐，跟他們約個會——保持一切單純就好。

　　最要緊的就是，**絕對不要**把他們拉入你自己的團體組織當中。這是

最不該做的。重點在於**幫助他們用自己的方式**來做個良善的人類,而不是要去**轉變**他人,他們可能會自己有所**轉變**,只要和他們保持聯繫即可。通常,在各種組織裡,我們可以這麼說,人們老是想要把別人拉入他們的場合或是行程裡。這不在我們的計畫之中,我們是要確保所遇見的人,每一個都有良好的生活。同時,你也應該用你各種可能的方式,與這些人保持聯絡。這是非常重要的一點,並不是因為我們想要**轉變**他人,而是因為我們要來溝通。

　　當你想要幫助他人時,你很可能會感到孤單,覺得沒有伙伴來與你共同努力。你或許也會開始覺得,這個世界實在很沒秩序、很沒道理。我自己是向來都感到悲傷的。你感到悲傷,不過你還不打算要大哭一場。你覺得有一股悲傷正在醞釀當中。這世界上有數千百計的人們都需要你的幫助,這讓你感到悲傷,真的很悲傷。並不是因為你想要有人與你作伴,而是你感到那股孤單、他人卻不覺得,這才使你悲傷。很多人都有這樣的經驗。舉例來說,我有個共事多年的朋友兼學生,他的名字是布來恩特(Baird Bryant)。他是個製片家,我們也共同拍了不少影片。我可以看得出來,他就有那種悲傷感。他總是希望能夠為他人做些什麼,可以改善某些事情。他有這種悲傷感、孤獨感與孤單感,這讓我相當欣賞。事實上,我看到他的種種,並從這位朋友身上學到不少。

　　悲傷有兩種型態。第一種出現在你看到一朵漂亮的花朵,而你希望你**就是**那朵花時。它是如此地美麗。第二種則是出現在沒有其他人了解這朵花時。它是如此地漂亮、全然地美麗、多麼地壯麗。沒有其他

人能了解這點,他們不僅不管這花朵的美麗,還彼此互相殘殺、催毀。他們跑去酒吧喝得酩酊大醉,而不想想這漂亮的花朵。

各位女士與各位先生,重點即在於這個悲傷感。在你的腦後,你聽到悠揚的笛聲吹奏,因為你是如此地悲傷。同時,這旋律卻又讓你開心起來。你並非置身於這個世界的最底端,也不是置身於加爾各答的黑洞裡。沒有憂傷也不會絕望,反倒是出現了某種可愛的東西。有些微笑,有些美麗。在香巴拉的世界裡,我們稱之為**勇氣**。在佛法的言語中,我們則稱之為慈悲。勇氣即是悲憫地對待自己,在這裡頭**絕對**沒有什麼想要自殺的那種憂傷。而是,出現一種能與他人相處的廣大心與開闊心,而這是美好又奇妙的。

我們在潸然落淚的同時,發現自己也在微笑。我們同時在哭、也在笑,這是香巴拉理想中的心態。而這樣何以會是美妙的呢?一朵花需要陽光和雨水共同滋長,方能綻放得如此美麗。同樣地,我們眼中所落下的眼淚,也要與陽光的照射互相融合,方能出現彩虹。這即是彩虹之所以成為彩虹的緣故——沾著淚水、和著陽光。從這個觀點來看,香巴拉的哲學便是彩虹的哲學。

無畏而有勇

勇氣也代表著在幫助他人的時候,你不怕「放手」。你一點兒也不猶豫地就會說道:「施密特先生,難道你不認為你應該更加勇敢嗎?我發現你已經智窮力盡了。你做得不怎麼好喔。難道你不認為你應該重整旗鼓並選邊站,然後跟我一塊兒微笑嗎?」一位香巴拉人可以這麼

來幫助他人──可以用各種方法。一位香巴拉人也可以**示範**給他人勇士的精神。如果我像這般地頹然倒下，從這個姿勢你看出了什麼呢？可不可以有誰來告訴我們答案呢？麻煩請用麥克風，以便我們可以把它錄音起來。我們必須要讓後代的人聽到你所說的東西。你看，我們在創造歷史呢。

生：那個姿勢看起來想睡覺、也邋遢。一副不想溝通什麼事情的樣子。

師：是的，不錯。那麼，現在我坐得直挺、像這樣，又代表什麼呢？

生（另一）：這就到處滿溢著喜悅感。

師：嗯……我們在說「喜悅」的時候必須相當地謹慎。我們並不只是在培養喜悅，還同時在培養**幫助**他人的力量與能力。你不只是純粹覺得不錯，對吧？非常謝謝你。有沒有別人能夠再說些什麼？那邊那位年輕的女士如何？

生（另一）：跟第一個倒下的姿勢比起來，第二個直挺的姿勢當然比較像是勇士。這讓我也想到信心與力量的特質。

師：你會如何對一個剛剛從麥當勞出來的人，解釋何謂香巴拉的勇士呢？

生：我會試著讓他們知道，一位香巴拉的勇士，並不會像我在歷史課中所學到的那些戰士一般，老是出外打鬥。我會試著說明，

一位香巴拉的勇士乃是無所畏懼的，隨時可以正面地與世界相遇，但不必然會投入其中，而是對於任何發生的事情都保持開放的心。香巴拉勇士是無畏而有勇的。

師：好極了。真是棒極了。謝謝你，親愛的。你讓我聽得好感動。年輕的勇士，你的良善真令我感動。非常謝謝你。

在我們與他人溝通的時候，絕對可以做出深奧的言論。我們可以與他人談談他們目前的狀態、自身的苦痛，以及自己的愉悅。我們並不認為這個世界是糟糕的。我們覺得這個世界具有基本的良善。我們可以說說這個。

我們不需要從這個世界逃離，不需要覺得不順眼且**被剝奪**。我們可以對這個世界大有貢獻，並且在這個世界裡**提升**自我。我們應該要覺得真好，這世界即是最好的世界。當我們扶助這個世界時，也應該會感到**真好**，這是同時的，對吧？有各式各樣的方式都可有所為。如果你與朋友在山裡開車，也許會看到野鹿。儘管牠們不是在農場裡受人照顧，牠們卻是如此地皮澤光鮮。牠們是極度地頭直肩挺，頭上的犄角也是這般地美麗。在你門口逗留的小鳥也是相當地毛澤光亮，因為牠們沒有受到凡俗制約的影響。牠們就是牠們自己。牠們是如此地良善。

看看太陽吧。太陽正照耀著，可沒有誰把它擦亮。太陽就是這般閃亮著。看看月亮，看看天空，看看這個極好的世界。很不幸地，我們人類想要把所有的東西都納入制約當中。我們試著去從無生有，把

一切都搞亂了。這是**我們**的問題。我們必須回到太陽與月亮、回到天龍與地虎、回到獅子與大鵬金翅鳥①。親愛的諸君，我們可以像是蔚藍的天空，也可以像雲朵那般潔淨而美麗。

地虎

獅子

大鵬金翅鳥

天龍

謝拉・巴登・貝汝（Sherap Palden Beru）所描繪的地虎、獅子、大鵬金翅鳥和天龍。

我們毋須太刻意做些什麼，就能夠發現自我。我們還沒真的失去所有東西；只是先得有所調整。世界的莊嚴恆常存在，一直都有，即使是從最簡單的觀點來看亦然。為了要幫助他人，儘管我們有時或許必須征服他們的困惑，但可不是要征服任何人、把他們變成奴隸。人類是多麼迫切地需要教育，以便讓能提升到更高層次的上三道存在狀態。

我們必須來做

接著就還剩最後一件事情了，這說起來可相當反諷。是我瘋了嗎？還是大家瘋了呢？就我所知，我是沒瘋啦。我是這麼地欣賞這美麗的世界，可見我或許是瘋了。你可以把我放到杜鵑窩去。**或者**我們大家都可以一塊兒去住。我是開玩笑的啦！

若要幫助他人，請與悲傷同在，全然地與悲傷同在。悲傷是你對某人的第一知覺，然後你或許會感到生氣，以做為幫助他人的方法。說不定你還得非常憤怒地對著某人說：「現在，把你給我整頓好，可以吧？！」我們不能把這個世界看成是沒有什麼糟糕事情曾經發生過的那般，這樣是行不通的。我們必須融入這個世界，參與這個落日世界。當你第一眼看到某人時，你看到他身上的東方大日潛能。等到你實際與這個人共同努力時，你就得幫助他克服落日，確保這個人不會再度陷入落日的狀態中。

若要這麼做，你必須要有幽默感，一種自我存在的幽默感，並且好好守住你手上的飛蛾，可別讓牠跑去撲火。這便是幫助他人的意思。各位女士與各位先生，我們有這麼重大的責任在身。很久以前，

人們也是這般地互相協助。但是現在,人們只會光說不練、一說再說。他們看看書、也聽聽音樂,但是絕對不會實際去幫助任何人。他們從不赤手空拳地去拯救一個即將瘋掉的人。我們有這樣的責任。必須要有人來做,而剛好就是我們。我們一定要這麼做,也要帶著微笑來做,而不是拉著一張臭臉。

生:何以您會認為是**我們**必須來做?
師:何以**我們**必須來做?必須要有人來做。假設你在一場車禍中全身重創。何以別人就得要來救你呢?必然要有某人來做。如此這般,這就是我們的責任、絕對的責任。以我自己來說,我願意擔負責任,我也相當感激這樣的機會。我曾是個王子、也曾是個僧侶、還曾是個家管;我經歷了各種人生。而我感激生命,**一點兒也不**後悔誕生於這個地球上。我感激它,我愛它。這正是我何以被稱為「木克坡之主」的緣故:因為我這麼愛這個世界。

這個世界**一點兒也不**令我倒胃口。基於我老師所教導的,以及我自己所研讀的,我愛這個世界。比方說,我愛到紐約市去走走,因為我愛那種混亂。有時我還懷疑自己是不是個瘋子,因為我只想去**拯救每個人**。也許我真的是。然而戰神(爪拉)們②卻接著告訴我:「不,你可不是個瘋子。」第十六世大寶法王圓寂之後,留下許多責任給我,但我對於能夠擔負責任而感到非常高興。

生(另一):我很高興終於能和您見面。然而對於我出於自己的興

趣來到這裡，卻發現我將得去幫助別人，這讓我有些困惑。

師：首先要幫助的是你自己，以便你能裝備齊全來幫助別人。明天這裡會有一場開示，說明如何真的來**做**一位勇士。與這個相關的是，我希望大家都想想看要如何幫助別人。昨天晚上，我實在不能不那麼做③。我必須讓大家對如何實際來做，能有初始的領會與了解，並以這來做為開端。今天晚上則比較實際，更多是如何進行的狀況。明天我們就可以談點兒別的。

對於大家，我感到**如此驕傲**、絕對地十分驕傲。你們過去曾有許多的輪迴經歷，但是在此時，我對大家感到多麼驕傲。我**非常、非常**地想要謝謝大家。非常謝謝。整體來說，我真的非常、非常想要說，各位女士與各位先生，你們是香巴拉王國的稱職子民。我們是一體的。若要創造一個覺悟社會，就非常需要像各位這般的善男信女。非常謝謝大家。

今晚，我還想介紹給各位的便是香巴拉勇士之吶喊。唱誦這個吶喊可以讓人抬頭挺胸，也能夠引發起提振的尊嚴感。另外，它也是一種迎請風馬的力量與基本良善的能量之方法。或許我們可以稱之為戰場的吶喊，只是你要了解，這是一個對抗憤怒、征服憤怒的戰場，而不是在造成怨恨或是戰事。我們可以說，這個勇士之吶喊，乃在慶賀戰爭的勝利，因為他戰勝了憤怒，同時也是一種對於克服障礙的慶賀。勇士之吶喊就是這樣：「Ki Ki So So。」「器」（Ki）是本初的能量，

跟中國武藝如太極拳中的「氣」是類似的概念。「嗖」（So）則是進一步推展或伸展這種能量，並延伸出整個「Ki Ki So So」的力量。今晚讓我們做三次這個吶喊：「Ki Ki So So」④來做為結尾。以勇士的優良姿勢坐好，雙手放在臀部之上，抬頭挺胸地大喊：

Ki Ki So So
Ki Ki So So
Ki Ki So So
早安。

〈詩偈之七〉
頭腦清醒是令人喜悅的

騎乘在白馬上，
手握著刀葉劍，
執持著榮耀觀——而不戴上眼鏡——
當我聽到那種勝旗的飄揚聲，
當我嗅到馬糞，
當我聽到軍隊、正與自身戎裝、談得喋喋不休——
我感到真浪漫，
並且多麼勇敢。

第十六章　幫助他人　223

當我手持弓箭——
勝與閨女交媾：
當我擊敗敵人，覺得如此美好，
感到多麼慈悲——
對自身的敵人、愛與慈皆生起。
此乃何以我說，
Ki Ki So So！
或許多傑已瘋⑤，
然而另一方面
全世界最清醒、乃非多傑莫屬。
Ki Ki So So！

D. D. M.⑥

---

① 原注：大鵬金翅鳥（Garuda）是傳說中的一種鳥。譯注：在藏傳佛教中有許多著作都會提到這種鳥，所象徵的可能是蓮花生大師的忿怒相、不空成就佛的坐騎、空性與智慧的合一、俱生覺智的生起、轉五毒成五智等。
② 原注：在香巴拉的法教中，「爪拉」（drala）乃是超越或征服憤怒的顯現、力量或勇氣。有時翻譯成「戰神」，代表「在戰爭之上或超越戰爭」。譯注：作者自身的坐騎也叫做「爪拉」。
③ 譯注：這裡作者所用的原文是 couldn't help myself，直譯是「無法幫助自己」，乃是與「幫助他人」相對的雙關語。
④ 原注：Ki Ki So So 是西藏傳統的勝利歡呼。通常在「拉桑」（lhasang）的清淨儀式當中也會唱誦，在其中主要是焚燒檜木並將聖物經由煙燻。當一個人登到山頂時也會唱誦。旅者將旗幟插在山頂岩石的地標上，

並唱誦這個勇士之吶喊。本書作者曾於其他著作中描述他在逃離西藏途中,如何進行一場這類的儀式:「在我們前面是極高的夏空拉(Sharkong La)山道:它極為陡峭、氣候又相當惡劣,所以我們必須在半途中紮營過夜⋯⋯隔天早晨我們又繼續向上攀爬⋯⋯當我們到達山頂時,我、企諾祖古(Kino Tulku)和阿空祖古(Akong Tulku)下了馬來做這傳統旅者的勝利之呼,其後我們順利地將旗幟插於地標之上。」摘錄自《生於西藏》(*Born in Tibet*)。

⑤ 譯注:所指為作者本身。請參考下個注解。

⑥ 譯注:D. D. M. 即作者全名 Dorje Dradul of Mukpo 的縮寫,亦即「木克坡的多傑札都」。

第十七章　傳承

　　各位早安。今晚是各位做為香巴拉勇士的最後確認。與一般所想的相反，香巴拉勇士並不製造戰端。**勇士**這個字本身可以代表製造戰爭者或是好戰份子，但是香巴拉的勇士則剛好相反──當然是如此。香巴拉的勇士從不製造戰端，**一點兒也不**，而是一位創造和平的人。香巴拉的勇士乃是想要降服自身對於爭戰與侵犯之欲望的人。昨晚我們談到悲傷，這種特質正是勇士精神的心髓所在。一位勇士會全然以他人的角度及立場、配合他人的不同情緒層次來做。我們與好戰份子是剛好相反的。

　　紅色是多麼地美麗！黃色是多麼地美麗！綠色是多麼地美麗！藍色是多麼地美麗！灰色是多麼地美麗！當我們環顧四周，看到如此美麗的景象。能看到一個人坐得直直地享用餐點，真好。能看到一個人淋浴洗身並把肥皂抹在頭髮上，真好。一個人能刮鬍子，真好。女士們梳著頭髮，真好。她們梳頭的樣子，彷彿是在梳著香巴拉老虎或獅子的鬃毛──無論她們是否使用吹風機。

　　我們一直都是香巴拉的優秀勇士：優良的老虎、優良的獅子、優良的大鵬金翅鳥、優良的龍族，有著良好的牙齒、亮麗的臉龐、漂亮的手掌。人類存在的舉止模樣是如此地美麗。香巴拉不僅是一個個人

的世界，也是我們所共享的世界。當我們與世界上其他人有所關聯時，我們應該要梳妝整齊。這是香巴拉對於端正準則的首要部分之一。

我想進一步討論有關香巴拉主人的概念。**主人**（lord）是個舊時代的英文用語。在法文中與主人同義的字是君主（seigneur），西班牙文則是先生（senor）。主人在此並不意謂著「大君主」。一位大君主利用他人、把別人視為奴隸，彷彿他們毫無尊嚴一般。一位大君主將別人當做洗碗的人與餐廳幫手，或是黃包車的拉車伕來用。然而在此，當我們談到主人、談到「木克坡之主」時，我們所說的是要視自己與日月為一體。

「木克坡之主」並不是要來殺戮人們、要人們去下水道系統工作，或是去做你所能想到的最最最低等的工作。「木克坡之主」是光耀。身為香巴拉的男主人與女主人，我們可以與日月同在，有著月亮的善巧方便，以及太陽的光耀，也就是男性與女性的個別特質。香巴拉的男主人與女主人，才不敢去利用他們自己與別人的不完整性。

男主人或**女主人**在這裡也代表著威力，一種帶有可供所有人使用的真實力量之真實感。這裡的威力並非壓迫他人的權勢，不是像大君主那般。在此，威力的意思是做你自己的威力。那原始的主人將這種威力灌輸給你。你有那種威力，即可開展你的血紅之眼、血紅之鼻、血紅之口。你有那血紅①的威力、美妙的威力、超凡的威力。

整體來說，香巴拉的勇士並不畏懼任何人。我們抬著頭、挺著胸。有了優良的頭肩姿勢，我們既不征服自身，亦不屈服於他人──管他是誰都一樣。我親愛的男主人與女主人們，我們可以做**我們自己**。

讓我們保持抬頭挺胸，好嗎？這將是勇士精神之威力的傳承。將你的背打直，睜開你的雙眼，讓你的頭與肩膀維持最好的狀態。我希望大家都跟我一起做出香巴拉勇士之吶喊。當你們大喊的時候，你們就獲得了這個傳承的灌頂，你們將擁有這種威力。

好吧。首先，挺直了身。可以了嗎？準備好了嗎？跟我一起說：「Ki Ki So So, Ki Ki So So。」

讓我們彎腰。讓我們變得謙卑並且彎得更彎。好好地彎腰，柔和地鞠躬。威力與力量已然出現，你不需要把它緊抓不放。現在你可以放掉了；你可以真的彎腰了。

請大家微笑。請好好享受！彷彿忽然有人將老鷹雙翼的開展給了你，彷彿你得到了鹿族的高傲不遜與頭直肩挺，彷彿魚類的迅捷也給了你。對於能與大家分享這些，我感到相當高興。我已經抑制了這麼久！

各位與我自身、我所繼承、我的傳承之間已有互相的了解。帶著你對人類的關切，我們必然能夠幫助別人。這也應是我們何以都會在這裡的原因：就是要去幫助他人。

〈詩偈之八〉
戰場之吶喊

坐騎乃無懈可擊、並受過軍事訓練,
手握著六種武器、抬頭挺胸地迎戰。
思索你是否乃為、熱情或憤怒而戰──
你該以拳頭壓碎、或劍砍一罐蜂蜜?──
我不知我是否為、自己該有的樣子。
我所為所思將因、偉大戰神而同步。
我不知我是否該、親吻劍
或舔刀葉。
勇士不應受驚嚇;
但卻珍藏美與柔。
當人與人互鬥時、應該要有血流嗎?
沉迷一己之鬱悶,無法成就真勇士。
我欣賞戰場勇士、雄赳赳又氣昂昂、誦著戰爭之吶喊。
我也欣賞那勇士、坐騎從來不跳躍、平步度過敵軍陣。

---

① 原注:作者於這裡使用「血紅」(bloody)是要強調或加強之後的用字。依據《牛津英語辭典》的記載,這種用法可以追溯到十七世紀的後期,那時在貴族中的粗暴人物被稱做「血氣方剛者」(bloods)。例如 bloody drunk 就代表醉得像是個血氣方剛者一般,或是醉得像是君主一般。

第五部

全　勝

勇士之微笑

第十八章　心的問題

今天晚上我們所要討論的，是一個相當簡單的問題。也就是心的問題。身為勇士，我們應該要有一顆柔軟的心，這也是這個世界所需要的。勇士精神的心也就是無所畏懼。一位勇士**究竟**是否有個心，端看他能否**變得**無畏，並且**顯現**出勇士精神。當我們談到要成為一位勇士時，我們並不是指要去製造**戰**端，而是要顯現能夠拯救世界的無畏與柔和。

我們得要**真誠**，這意謂著不再帶有憤怒並且**真誠**對待自己。如此這般，我們便能建設一個覺悟的社會。如果只是停留在夢想或**概念**層次的話，是不可能建設與發展出一個覺悟社會的。覺悟社會必然是真實而良善、誠實而**真誠**的。

活在當下

我們許多人都覺得被自己的憤怒、悲苦與苦痛所侵襲。然而，這其中並沒有什麼能夠真正成為創建覺悟社會的障礙。首先，我們所需要的，即是要培養對待自己的慈善、之後則是要培養對待他人的慈善。這聽起來好像頭腦十分簡單，實際上也是這樣。同時之間，它卻又**相當**難以實行。

我想讓我們的討論保持在非常單純而直接的層次。苦痛造成很多的混亂與怨恨，我們必須克服它，這是極為簡單的道理。一旦我們能夠克服苦痛，就會發現內在的喜悅，我們對自己與世界的怨恨也會因而減少。活在當下、自然地活在當下，就能使怨恨減少。之所以會怨恨，即是由於沒有活在當下。我們活在別的地方，腦袋裡想著別的事情。當我們活在當下時，我們即是單純地在這裡——沒有怨恨也不帶成見。一旦能活在當下，就會變得開心。讓我看到各位的微笑。就是這樣！祝您幸運。

生：當別人利用我們的善心，並且拿它來對付我們時，該怎麼辦呢？大部分人都覺得他們只有辦法施予這麼多，然而他們也需要被施予。我們不能對那些老是只要受惠的人一直不斷地施惠。

師：把你的良善施予給這些人，讓他們因而閃亮。你具有這樣的威力，你能做得到的。你不需要受制於別人是否良善。你已經有你自己的良善，你本來就是好的，並且也有辦法將這種良善傳遞給他人。在佛教裡，這種良善我們稱之為**如來藏**，或是佛性。

假設你聽到一個有關心的談話。你或許會說：「那**我的**心在哪兒呢？我有一顆心嗎？」檢視一下你自己與你的狀態。你會發現在你**內在**就有一顆良善之心。你的確具有，並且你最好善用之。我們的問題之一就在於我們因窮困而苦惱。為了克服這一點，我們必須要直接，並且信任自身。我們**並未**因窮困而苦惱，之所以能夠微笑，

乃因我們內在具有良善,並且一直如此。無論老少,不管是老得不能動、或是少得不更事,依然都有微笑的潛力。事實上,人們的確會微笑,一天還至少三次。這即是良善。因此,要保持微笑,欣賞你的存在。

生:當您給了那些一般性的指示,像是:「要慈善待人、要保持微笑、要真誠對待自己」時,這不禁讓我想到那些被虐待與被強暴的婦女,想到某個階級剝削並壓迫另一個階級,或是想到那些快要餓死的人。以整個世界的範圍來看,我看到了難以言喻的疏離、剝削與階級壓迫。以您所說的這些東西,要如何來改變這個世界呢?

師:我們絕對可以改變這個世界。問題乃在於當混亂出現在我們身上時,我們卻不微笑。當混亂發生時、即便是在混亂的當兒,如果我們能夠微笑,這將會解除困惑與怨恨。你了解嗎?

生:當您說要微笑時,您的意思是說,我們應該丟棄恨意?

師:當然。是的,你懂了。

生:能不能請您談談一些有關香巴拉王國的西藏傳說?

師:香巴拉是一個毫無憤怒的覺悟社會。它的地理位置是在亞洲的中間、東方的中央或是中心。這個香巴拉社會能將憤怒變成愛。結果,香巴拉裡的每個人都成就了證悟的境界,因此也不再需要打仗。最後,這整個社會、整個國家——包括所有的建築物——就再也不存在於地球上了。這便是香巴拉的故事。

生:您認為香巴拉王國會不會再次重現,而整個世界就像是在正

法時期或是證悟時期①那般？

師：一定會的。

生：對此，您是否有任何的時間表——比方說，一百年、還是兩百年之後？

師：此時此刻。這是可能的。

生：很多上師都曾說這大概會在一百年或兩百年之間發生。

師：這是一種推測。它現在就在發生了。

---

① 譯注：「正法」或是證悟時期，指的是釋迦牟尼佛圓寂後五百年間的時期；而「像法」時期為一千年間；「末法」或是黑暗時期則是一萬年間。以此算來，我們目前所處的乃是末法時期。

第十九章 「木克坡」一族

各位女士與各位先生,早安。就算已經是傍晚了,我也說「早安」,因為我們認為,太陽恆久高升,也是光耀的來源。對於香巴拉的勇士來說,太陽永遠不會是那個落下的太陽。這與任何的文化哲學都沒有關係。太陽之所以恆久照耀,是因為**你**恆久照耀。你在此時閃耀,太陽便是這種**恆常發光**的象徵。

今晚,我們要進一步來了解並領會香巴拉的準則。一開始要說的便是,我們對於落日世界是十分厭惡的。這個落日即是一個人自己的憂鬱。任何你能想到是非常不悅、**令人噁心**的東西,都與落日的特質有關。我們想要藉由信任自身,並且**變成**勇士,而能逃出這個落日世界。

在你的身上有個頭,當這個頭與這個身是同步的時候,你就會知道你是個真實的人,也是個正直的人。在香巴拉的法教中,我們稱之為優良的頭與肩膀。帶著這個相當平凡的頭直肩挺之經驗,你開始微笑。當你了解到你不需要把身心分離時,於是你能夠吃得合宜、睡得合宜、還能把頭髮剪得合宜——做任何事情都能合宜。即使是在平凡的活動當中,你也能經驗到無限的神聖性。一般被視為平常的活動,在我們則當作香巴拉的神聖性。

在我所生長的西藏社會、這類的傳統社會當中,你騎著自己的馬

兒、又搭起自己的帳篷、也生起自己的火堆。無論你做什麼，都是單純而直接地做。如果你得去殺死你的敵人，你也是一樣以單純與直接的精神來做。你的敵人應該死在你的膝下，而非被拖到遠處加以殘殺。在你殺了敵人之後，你應該要親吻你的敵人。我不知道大家是否能懂這一點。在美國，白人只是把印第安人清理掉了而已，一點兒都沒有神聖戰爭的精神。我所說的東西與那種作法是剛好相反的。

　　昨晚，我們談到勇士微笑的重要性。那就是勇氣。無論你做什麼，你不會迷惑也不受脅迫。彷彿老鷹棲息石上，你以無畏的尊嚴之姿將羽毛抖鬆。飲食、走動、睡眠：做任何事情你都不會害怕。請做個高尚的人，你再也不必當個懦夫了。你了解嗎？對一個勇士來說，無畏與愛是一樣的。當你在戀愛中，你也同時有所驚嚇。然而不管怎樣，你仍舊能發展出一種沒有恐懼也沒有怖畏的愛。

勇士傳統的心髓

　　香巴拉的旗幟所代表的，即是我們今晚所談的主題。黃色的圓盤乃是太陽，象徵著慈悲。周圍的白色空間則是善巧方便，白色也同時代表著覺醒，黃色也同時代表著智慧。在旗幟上有四個條紋，代表勇士了悟與成就的四個次第。藍色的條紋代表莫測高深性；紅色的條紋則是一種叛逆感；白色的條紋代表著昂首挺胸。在此，昂首的意思乃指你向來是清醒的。最後，橙色的條紋代表謙讓。謙讓是一種謙卑的謙虛，能將我們所培養的一切香巴拉特質彼此相融。

　　我自己有個旗幟、或說是標章，它也融合了同樣的要素。在這面

旗幟上，老虎代表著謙恭謙讓，獅子代表著昂首挺胸，大鵬金翅鳥代表著叛逆本性，天龍則是代表著莫測高深。沿著旗邊向下，會看到六個黑點，代表著傳統西藏的六族。所有的藏族都持守著這四種原則：謙讓、昂首、叛逆與高深。這些西藏六族有點兒像是蘇格蘭的宗族，在那兒他們以此代表家族的力量與尊嚴，以及使你認同他人的力量。

我自己是來自木克坡族。頂果欽哲法王（Dilgo Khyentse Rinpoche）①以及第十六世大寶法王也同樣屬於這一族。西藏的偉大勇士格薩王也是來自這一族。宗族是一種與真實建立關係的一般方法，也是一種知道如何同時治理世界與知覺世界的觀念。木克坡族的傳承與慈悲是我獻給各位的禮物，高尚正直即是木克坡族的傳承。在過去，木克坡族試著成為高尚的人，我們也共同達成了這個目標。那麼何不將這種高尚正直傳給各位以及未來的世代呢？

請各位微笑並且加入我們的宗族。謙讓、昂首、叛逆與高深，便是我們的做事方法。過去如此，現在依然如此。自從我到了西方國家之後，我也一直都用這樣的原則來做事，現在我則將這個寶藏給予在座的每一個人。

毋須再多說什麼。將這個禮物給予各位之後，同時是關了一道門、又開了一道門。對於各位能來分享木克坡族在幫助他人方面的體驗，我覺得鬆了口氣、也相當地如釋重負。我的宗族就是各位的，我也十分高興大家能來加入我的宗族。我的宗族向來都不會欺瞞任何人。我的宗族曾經多麼地**拋頭顱**、**灑熱血**地維護並保持他們的四種原則：謙讓、昂首、叛逆與高深。各位女士與各位先生，請看我們是如此地

努力。

　　我來美國不是來舒適地坐在墊子上的。如同各位所了解的，我來這裡是因為要推崇並且呈現所有木克坡族所經歷過的事情。各位親愛的，這是真實的。要做得真誠與真實，需要相當大的努力，而今晚我將這種努力與各位分享。勇士精神也已然交到各位手上，我給各位的乃是勇士傳統的心髓。木克坡族對於當個像電影《影武者》(Kage-musha)②中所演的那種虛偽、或鬧雙胞的勇士是沒有興趣的。我們是真實待人的，也許是太真實了。當然，這全看你自己怎麼做，不過**我們**是從不騙人的。如果有必要，我們會在當下殺人；如果有需要，我們也會毫不猶豫、絕不迷惑地砍下他人的腦袋；只要是情勢所需，無論該做什麼，我們都會真實對待自己。同時，極大的喜悅與慶賀也會出現。這與忽然警覺是非常不同的；當某人已經死了，你才猛然警覺，或許你會喝得酩酊大醉來麻痺你的憂傷——就在葬禮之前。這絕非木克坡族人所會做的事情。

　　香巴拉的意思便是同時真實而誠實。有一件事是你可以肯定的：那就是在香巴拉的世界裡，沒有人會騙人，一點兒都不會。如果你還是保持你的那張臭臉，並且緊抓著你的憤怒不放，你將會被自己的憤怒所懲罰。不然，香巴拉的原則是相當地歡樂的！非常**謝謝**大家。

〈詩偈之九〉

之一

吉祥的巧合：財富與遠見

老虎身上的條紋已然增多。
獅子身上的鬃毛已然增多。
大鵬金翅鳥是否飛得更遠！
龍族之鳴響是否更加深沉！
我在此待的十年是否更久！
有時我覺得我已待在美國、一萬個年頭了；
有時則覺得可能只十秒鐘──
我們同時變得年輕又年老。

我們當然感激自己所曾為，
無論是在十劫 ③ 或是十秒內、一切之所曾為。
這是不可思議的，
這是令人驚異的，
而你會是尊聖的僧眾
我則做為這金剛上師──
我們一起都變年老了。
如此美妙的佛法世界，
若非我們曾經相遇過、否則便不可能會出現。

我們可說智者與惡者，都是無閒暇可休息的。
讓我們不要彼此沉溺
縱情於我們旅途中的、根道果④的三次第階段。
讓我們醒來並加入慶賀中，
讓我們有所進展而不休息。
謹以傳承與我們祖先之名，
讓我們無畏地撩起了衣裙⑤；
讓我們使密續如晨曦出現
並伴隨著偉大的東方大日。

之二
俳劇（選粹）

一切都進行良好。
Ki Ki──所有也都很值得──So So！
對於我們的遠征，我感到驕傲。
因母親未留給我她的軟毛裙
我決定一直這麼，都沒有衣裙，
做個不穿衣勇士，走在冷風中。
我的母親與上師同意這作法，
故我現在無毛皮也沒有衣著。

另一方面我依然保持國王姿，

帶著自足的微笑，坐在寶座上。

若非我曾有傳承，

上述不可能發生：

感謝格薩王

以及任何與木克坡家族帶有關係者

這家族曾有蒙古肉食者之美味大餐。

美好的餐盤，

純金的錦緞，

實在的盔甲，

騎乘著白馬、而入戰場中──

對於此種種，我們皆驕傲。

Ki Ki So So！

Ki Ki So So 以致珍妮女士！

Ki Ki So So 以致我的白馬！

Ki Ki So So：我們是沒有自我的勇士！

嗡 唆巴哇 序達 薩兒瓦 達兒瑪 唆巴哇 序達 吭⑥ Ki Ki So So！

---

①譯注：頂果仁波切為藏傳佛教寧瑪巴（或說紅教、舊教派）的前任法王，曾於歐美弘法多年，弟子眾多並有多本著作。近年來他的轉世已被認證，乃是一位偉大的修行者。

② 原注：在黑澤明的電影《影武者》中，有一位日本地主去世之後，他的手下找了一個與他長得像得實在詭異的農夫來。他們訓練他並且強迫他來當這位地主。這位農夫也成功地扮演了這個角色，並且幾乎在整片當中愚弄了所有的人。這個主題與馬克吐溫的著作《乞丐王子》(The Prince and the Pauper) 是類似的。

③ 原注：一劫是個很長的時期，有時估算為四百三十二億年。

④ 譯注：「根」「道」「果」分別是修行道上的三種次第，直譯的意思分別是根基（root／ground）、道路（path）與成果（fruition）。

⑤ 譯注：撩起衣裙即是準備幹活兒、要去作苦工的意思。

⑥ 原注：這是佛教的傳統咒語或說是唱誦，乃為了迎請空性與無我。它的意思是「諸法或一切現象皆自性清淨；我自性清淨。」

第二十章　超越憂鬱

有時，我們可能會難以表達自己或是了解人性的真相。我們可能覺得不對勁，以為有些什麼是我們不知道的。我們認為應該要去獲得什麼知識。在這種情況之下，把重點放在學習上便成了一種障礙。我們為什麼無法不經學習就可以覺醒呢？我們為什麼無法不經學習就可以開心呢？

捨棄憂鬱、展開笑顏

真正的問題在於我們無法處理好自己的憂鬱。我們或許會說憂鬱是好的：以為當我們憂鬱時，便會開始去看到彼岸。我們能夠對他人生起悲憫之心，也能夠看到自己是需要其他選擇的。然而，當我們真的憂鬱時，根本無法超越那種神經衰弱的狀況。讓我們捨棄憂鬱吧。讓我們真的捨棄憂鬱吧。

接著我們便能展開美麗的笑顏，全然而卓越地微笑。各位女士與各位先生，何以我們必須要在泥濘中打滾呢？我們根本不值得這麼做。老在一堆糞便中打滾是不值得的。我們何不喚醒自己！同時來個微笑！

我們有辦法微笑的。讓我們不要變成那種順從的公牛。讓我們不

要變成那種屈服的蟲類。讓我們不要變成最最糟糕的樣子。我知道有時那種超越憂鬱的**光耀**是如此的可怕，不過無論如何，你必須這麼做。你的懦弱同時也會帶來勇氣。當你覺得多麼怯懦又害怕時，跟你看到可怕的黑暗是一樣的：你同時也會看到光耀。請以微笑來加入我們。你能做到的！過去已經有人這麼做過，你也有能力來這麼做。謝謝大家，請各位發問。

生：可否請您再多解釋一下，您所說的不經學習而能開心或覺醒的意思是什麼？

師：你來說說看。你認為是什麼呢？

生：是不是我們變得太執著想要做些什麼，而無法當下就開心？

師：是的，這就對了。這個回答完全正確。不過還有一些問題存在。是哪些問題呢？請你說說看。

生：我想，如果你老是認為，你得再多學些什麼才會開心或是覺醒，那麼你所做的不過就是為你自己建立一種習氣罷了。

師：對的。非常謝謝你的回答。此時，你是個香巴拉的孩子，我也對你感到驕傲。

生：老師，您剛才不是說憂鬱是好的，然後卻又說我們必須捨棄憂鬱？

師：**本質上**並不全然是捨棄憂鬱。事實上，我們可以站在憂鬱的平台上。就像是我所坐的椅子。很久以前，它是由一些憂鬱的人們

所製造出來的。但現在，我們已經改變局勢了。這張椅子現在是一張香巴拉的椅子，一個香巴拉的寶座。因此我們不再陷於憂**鬱**當中。不是這樣嗎？

生：是否在憂鬱的背後有著某種智慧，而我們變得憂鬱是因為……

師：智慧並非在**背後**，而是在前方。智慧是**在**的。**此時此刻**就在！

生：那麼，何以我們會變得憂鬱？

師：你不會的。人們會談到奇蹟。儘管奇蹟不會發生，然而同時之間，它們的確又會發生。奇蹟是在當下發生，就在當下出現。它讓我們微笑，而我們也開始了解到，真相並非迷惑與嚴肅的來源。

生：老師，是否有可能一方面開心、又一方面仍然感受到全面的情緒：包括悲傷、或許生氣，以及所有的種種感覺呢？當你說「開心起來」時，這是無法清除情緒的，是吧？

師：當我們開始看到東方大日時，我們並不會忘記落日。當我們學到第一個字母 A 時，我們並不會忘記最後一個字母 Z。是有可能將 Z 帶到 A 裡頭的。你了解嗎？

生：我希望我能了解。如果是這樣的話，那麼……

師：你不要有任何**希望**。去做就是了。

生：然而要去感覺不同的情緒……

師：你不要有任何**感覺**。

生：難道你不去感覺嗎？

師：你去做就對了。

生：呃，但是……難道你不能同時感覺、並去……

師：不對、不對、不對、不對、千百個不對。不要去淺嚐任何事情①。對於任何事情都應全力以赴。

生：嗯，舉一個例子吧，差不多是像當你看到一件令人相當悲傷的事情時——比方說，一個孩子死了。這是令人難過的。這時有所感覺，不是合理的嗎——難道你都不……

師：不。

生：去做？

師：不。我們所說的是**真誠**的心。**當下**的真誠，當下而真實的真誠。

生：如果你哭了呢？

師：你是不哭的。你可以**因**為你剛剛沒哭而哭。要**活在當下**。拜託！再說說看別的。

生：那如果是厭惡的感覺呢？

師：對於這一點，你感到反感②。

生：對於哪一點？對於那個感覺、還是那個事件？

師：你從不感到反感。

生：從不？

師：從不！（上師打了個嗝③。聽眾笑了起來。）

生：謝謝您。（也在笑。）

師：謝謝你！好了，此時，大約該是我們散會的時候了。當香巴拉勇士會面時，有時我們會以唱歌來做為結尾，這是一首相當快樂的歌曲，我們稱之為香巴拉的讚頌。我希望大家都一起來唱，

也非常感謝各位，在座的每個人。

〈詩偈之十〉
讚頌

天上之青龍把雷劈，
老虎之閃電遍急馳。
獅子之鬃毛展青雲，
大鵬金翅鳥橫三界。

香巴拉勇士無畏懼，
香巴拉國王利格登④、金剛⑤寶座上莊嚴坐。
薩穹王⑥令天地相和。
薩穹王母使和平成。

無畏之號角正吹響，
全勝之旗幟正飛揚。
凡聖之榮耀皆延展，
慶賀東方大日升起！

① 譯注：原文 don't dabble in 的意思是「不要淺嚐」。應該「全力以赴」。作者在這裡用兩個相同的句子來做為加強，譯者則以兩段相同的意思來讓讀者了解。
② 譯注：以上下文來看，這段應該譯成「對於厭惡的感覺，你感到反感」。不過為了忠於原文，還是讓讀者看到原意比較好。
③ 譯注：在美國文化中，當眾打嗝是一件令人感到反感的事情，上師在此是否刻意、還是巧合地做了這個舉動，且讓讀者自行領會。
④ 原注：所有香巴拉國王的總稱，原文是 Rigdens。
⑤ 原注：堅固無比或是具有鑽石的特性，稱之為金剛，藏文為「多傑」（dorje）。Vajra 乃梵文，有時音譯為「班雜」，所指為智慧與證悟的根本無可摧毀性。
⑥ 原注：薩穹王（Sakyong）與薩穹王母（Sakyongwangmo）乃是香巴拉統治者的稱號之一。薩穹王意指「護祐大地者」；薩穹王母則是護祐大地之女士。

第二十一章 東方大日：
那虛空中的一點

　　對於這個課程來說，這是最後一次跟大家說早安了，各位女士與各位先生。我想與諸位談談勇氣與勇士精神，以做為這次課程的結束主題。勇氣乃是基於真誠地對待自己。這是非常重要的一個原則，也許也是最重要的。這正是毫無欺瞞的原則。

　　欺瞞一開始是發生在自己身上，接著再散播到他人。虛偽詐騙乃是阻攔一個人了悟香巴拉原則的主要障礙。無論是在飲食、走動、睡眠，我們所做的任何事情，都有可能被當作欺瞞的工具。由於欺瞞，我們無法看見那虛空中的一點。而這虛空中的一點是清淨而無染的，整體而不動搖的。這虛空中的一點，乃是我們用來維護自身端正高尚的特質，它便是東方大日。東方大日即是這虛空中的一點。

自身清醒的一點

　　一切我們曾經談到有關香巴拉覺悟社會的各種變化，都是這虛空中的一點。它們的基礎都在於不去欺瞞任何人，同時也要欣賞你自己。從這虛空中的一點所來的，首先便是善待自己，並且因而能夠將

這份善意延伸到他人身上。這虛空中的一點乃是你自身清醒性之顯現。它幾乎就像是你耳朵裡的鈴聲。有時在你正忙著做生意的當兒，在你的耳朵裡出現某種「叮」的聲音。這就是虛空中的一點。它提醒著你，也讓你微笑。它會要你到處看看或是檢查一下你的肩膀。這就是虛空中的一點。

它們是誰？它們是誰？那就是虛空中的一點①！追根究柢的特性便是這虛空中的一點，好奇的特性也是這虛空中的一點，任何你所想到的疑問都是這虛空中的一點，向來都是。一個人不應該將自己的世界視為一個無聊的世界。一直都會有個「啊—啊！」一直都會有些火花。一直都會有個微笑，也一直都會有個哭泣。這就是虛空的一點。這就是在座每個人之所以會在這裡的緣故。

我自己已經如此經歷過了，這乃是個人的體會。我並非在呈現一個假想或是學說。讓各位發出「啊—啊！」的便是那虛空中的一點。而使你微笑的也是那虛空中的一點。

生：老師，當我陷入自己的沉思當中，而有某種東西將我帶回自覺狀態時——我從念頭中醒來、還是從憂鬱或各種感覺中醒來，那時除了覺醒之外，似乎沒有什麼其他的性質存在。有時這是挺無聊的②。在你說來卻讓人聽得很興奮。

師：這覺醒即是那虛空中的一點。不管是有所啓發的、還是無所啓發，兩者都是那虛空中的一點。只要你回得來，都可以。無論

你是扳著一張長臉的「呼！」，還是因微笑而亮麗的「啊！」，這兩者皆為那虛空中的一點。只要你看到東方大日的光耀，一切就都沒問題了。

如果你能保持幽默感，它將會除去欺瞞，不過我們這裡可不保證任何東西③。你只要繼續做下去就對了。舉例來說，**羅漢**乃是偉大的印度聖者，同時也是相當偉大的禪修者。在某些方面來說，他們是極為嚴肅的。然而在這其中，你仍可以看到，他們在禪修座上也常是笑著的。這便是我們這裡所說的東西。

最後我想再給大家一個提醒：當你心情嚴肅時，你要微笑，並且帶著香巴拉之**觀**。對各位而言，禪坐的修持方法是非常重要的。只要照著你所接受的開示去做就可以了。對於各位的沉著冷靜，我感到十分高興。除此之外，重點即是要關心這個世界，並且保持幽默感。非常感謝諸位。

---

① 原注：作者在此可能是刻意模仿電視影集或是影片中的一段台詞，不過編者並未確認他所依據的來源為何。
② 譯注：原文當中的英文直譯為「打哈欠的聲音」（ho-hum）。
③ 譯注：原文的意思是，沒有任何的保險條文。

〈跋〉

佛法西傳的先驅

　　自從我的父親圓寂之後，至今也有十多年了。當時，許多人都想要試著看清楚他身爲一個歷史人物、一個個人、一位佛教上師、一位香巴拉勇士的意義所在。而他所示現的身教與言教，隨著時間增長而有了更深遠的影響力。愈來愈多人開始欣賞並感激他，在幫助眾人方面的慈悲行爲與偉大宏願。

引介香巴拉智慧傳統

　　我的父親被認爲是一位將佛法傳到西方的先驅者。也由於如此，他的貢獻之一即是將佛法的內涵，以西方人能了解的方式來翻譯與引介。然而，若是更加仔細地來看他的一生，便會發現他對這個世界的最大奉獻，是在於他對香巴拉勇士傳統的獨特呈現。

　　我從小與父親共同相處，在一個香巴拉的家庭裡生活與成長。儘管我們修持的是佛法，不過基本環境則是香巴拉的風格。正如這本書中所清楚說明的，了解香巴拉的智慧，即是了解人類的基本尊嚴。在香巴拉的法教裡有一套完整的準則與修持，這個法教的根源卻很單純，就是如何成爲正直的人類、如何過著和諧的生活。

　　香巴拉的智慧是一種累積了好幾個世紀的智慧。這個智慧告訴我

們，有一條道路、有一種生活方式可以依循，並且指出這個世界如何運作。我們不必無止境地追尋或是自行編造出各種生命意義，已經有許多的香巴拉勇士領會了他們自己生命的基本韻律、基本能量之所在。一旦我們能夠接觸到這種能量，了解到這即是所有人類的尊嚴所在，我們對於生活的責任、喜悅與欣賞，便會相融相和。這並非來自什麼天神世界或外星世界的力量，只要我們在生活中同時欣賞世俗與超凡兩者事物，等同對待而毫無偏愛、柔和處世而慈悲注視，我們便會發現做為人類及香巴拉勇士的意義。

我希望人們能夠重覆閱讀這本書，以便將書中的內容銘記在心。也希望書中所說的意義，可以對人們生活中的言行舉止有所影響。香巴拉的力量並非是那種我們可以「看看就懂」或是迅速一瞥便能融會貫通的。而是，我們會逐漸領悟到，這個看似單純的法教，不僅需要一些時間才能有所了解，甚至需要更多時間才能心領神會。

香巴拉之觀本身以及它所意涵的內容，並不會太複雜或是太困難。通常我們會一看到就說：「喔，這個我知道了。」它看起來像是我們相當熟悉的東西。然而實際的挑戰卻是，讓這些準則深入內在、並且不讓傲慢與憂鬱吞噬我們。一位香巴拉的勇士會了解到，生活可以是單純的。然而，這些直截了當的法教，卻有著深奧的影響力。它們並非理論派的精神修煉，而是實用的方法，可以幫助人們包括養育小孩、發展藝術、經營自己的咖啡店等種種生活層面。經年累月之後，這些法教的實際要素將會愈來愈突顯出它們的影響力。

創造覺悟社會

　　通常這位多傑札嘟（即創巴仁波切）會說，這些法教並非他個人所言，而他乃是這些法教之神聖性與尊嚴性的代表。在這個令人迷惑而事事求快的世界裡，他覺得他有責任將這些法教提供給那些願意聆聽的人們。他也會說，香巴拉之觀比他所呈現的還更寬廣，而他是不可能長生不老的。此時別人就得擔負將這個法教傳承下去的責任。我想，人們對於他的言談如此信服，並且試著去了解與遵循，他對此會是相當驕傲也十分開心的。

　　自從仁波切最初對一小撮人開示至今，他已經闡述與撰寫過香巴拉世界的許多層面。由那些早期的課程開始，他持續地將香巴拉法教呈現給數千以計、有興趣的聽眾。許多學生與弟子也試著依照這些準則來過生活，我們稱這樣的行徑為創造一個覺悟的社會。

　　在一九七〇年代早期，人們想要接受奧秘的佛法教導。然而，多傑札嘟所呈現的卻是看似心思簡單的法教，指引人們如何過著正直的生活，人們對此感到相當困惑。現在，數千百計的人領悟到，這些單純而實際的開示，事實上是極為有用的。

　　在過去二十五年來，香巴拉的法教已然在此紮根。而當多傑札嘟圓寂之後，已有不少的人參與了香巴拉訓練的課程，也使得這個傳承能夠持續茁壯與擴展。看到這些來自世界各地、不同信仰背景的人不斷加入，並且依循這些法教來生活，的確讓人深受啟發。

　　目前我承擔著父親所傳下的重責大任，特別是弘揚香巴拉之觀，因此我很感謝編者吉米安於彙整本書各種資料的盡力、用心與聰慧。

敬請讀者愉快地閱讀本書,就像您正在院子裡享受清晨那般,盡興地浸淫於東方大日的溫暖光耀之中。

香巴拉國王,薩穹王;蔣貢・米龐仁波切
(The Sakyong,Jamgon Mipham Rinpoche)

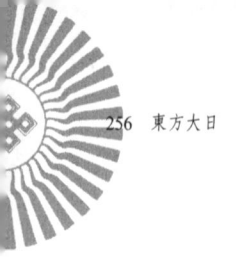

〈編後記〉

妙語如珠、一針見血的高手

《香巴拉：勇士之聖道》一書在一九八四年初次發行。儘管該書的作者創巴仁波切乃是西方世界享譽盛名的藏傳佛教上師，然而這本書卻非一般的佛教書籍。在取用佛法禪坐修持方式的同時，它所呈現的乃是一條遵循香巴拉勇士精神法教的獨特覺醒之道。

邱陽・創巴，又名「木克坡的多傑札嘟」，在一九八七年四月四日圓寂於加拿大諾華・司喀西亞半島（Nova Scotia）的海力費克斯（Halifax）。在他死後到這本書出版之間，約有超過十二本仁波切的佛教相關著作已經出版，而它們主要的資料來源乃是依據仁波切的開示錄音帶。然而，這本書卻是他闡述香巴拉法教的第一本新書。仁波切曾將他第一本有關香巴拉法教的書籍，暫時命名為《東方大日：香巴拉的智慧》，後來便作了更動。不過，對本書來說，這卻是最相配的書名。我的朋友費爾茲（Rick Fields）曾經說過，創巴仁波切乃是一位妙語如珠、一針見血的高手。這本書所顯現的自然也是這樣的風格。

雖然《東方大日》原本並非談論佛法的書籍，它的作者則是正如上述那般，是一位二十世紀的偉大藏傳佛教上師。對不熟悉仁波切生平與所為的讀者來說，以下所提供的一些資訊或許能有所助益。

仁波切的生平背景

創巴仁波切在一九三九年生於西藏東部高原的一個牛舍裡,而這個地區的人大多從未見過樹木①。當他仍在襁褓之中時,即被認證為一位祖古(tulku),也就是轉世喇嘛。在雙親的祝福之下,他被帶到了蘇芒寺(Surmang monasteries)並舉行了坐床大典,正式成為該寺的住持,以及創巴傳承的第十一位轉世祖古,也就是第十一世創巴仁波切。這次的坐床大典是由噶瑪噶舉傳承的第十六世大寶法王所主持,而在本書的許多章節中也突顯出他的重要性。之後,仁波切被予以「邱陽」的名字,意思是「法海」或是「法教之大海」。而「仁波切」則是一種尊稱的頭銜,意思是「珍貴的珠寶」。

創巴仁波切的根本上師、或說是主要導師,即是雪謙的蔣貢康楚仁波切,而他乃是一位偉大的學者與上師。在創巴仁波切的精神導師當中,有兩位舉足輕重的人物:分別是堪布岡夏(Khenpo Gangshar)以及頂果欽哲法王,後者在本書中也曾提及。正如同時代的諸多偉大上師一般,創巴仁波切也於一九五九年因中共入侵而被迫離開西藏。他在一九六六年所出版的第一本著作《生於西藏》(Born in Tibet)裡,曾描述這段逃亡的過程。在他成功到達印度之後,隨即被達賴喇嘛尊者指定為達皓斯地區(Dalhousie)「青年喇嘛學校」(Young Lamas' School)的精神導師,他也一直待在印度,直到一九六三年。

創巴仁波切在一九六三年來到英國,並成為牛津大學的第一位西藏學生,而他當時就讀於該校的聖安東尼學院(St. Anthony College)。

對於能夠做為第一位成為英國子民的西藏人，他也覺得相當榮幸。他在牛津學習英文；研讀哲學、歷史與宗教的課程；研究插花；開始寫詩；也收了第一批西方弟子。一九六六年，蘇格蘭有位弟子提供了一處禪修的修持中心，而他將之命名為「桑耶中心」（Samye Ling），乃取名於西藏所創建的第一間寺廟「桑耶寺」。儘管那時有不少的西方學生來到此地跟隨他，而他也有機會開示許多的佛法教義，然而對於當時周遭的靈修氣息，他卻愈來愈不滿意。

到了一九六八年，他受到不丹皇后之母的邀請而訪問這個佛教的國度。在那裡，他舉行了一場十天的閉關，地點是在蓮花生大士（Padmasambhava）、或稱咕如仁波切（Guru Rinpoche）、也就是藏傳佛教創始者蓮師，在到達西藏之前的禪修洞穴，稱為「大藏虎穴」（Tagtsang）的聖地。在多日的閉關之後，仁波切親見蓮師並被授予《大手印法本》（The Sadhana of Mahamadra）的伏藏②，內容乃是與克服精神上、心理上、生理上的唯物主義有關，而這些正是在此黑暗時期主導西方社會的三大唯物主義。

當他回到英國之後，仁波切隨即遭遇一次意外，他被車子撞進一棟建築物裡而不省人事。儘管他事後活了下來，然而左半邊身體卻因此麻痺。他將這次事件視為這輩子中的轉折點。這讓他看到了自我欺瞞的危險，並使他決定要卸去僧袍，還俗為一位在家的修行者。如此一來，也除去了他與西方弟子之間的距離感。

不久之後，他向十六歲的戴安娜（Diana Judith Pybus）求婚，她也成了他的妻子，這讓女方家人以及仁波切的西藏同僚雙方都相當地驚

愕。對於仁波切與戴安娜來說，在桑耶中心的日子是相當艱困的。對於他們的婚姻，以及仁波切的整體方向，人們都有所憤怒與困惑。有些人並不喜歡仁波切與西方弟子之間所建立的親密感，同時，我可以想像，人們認為他可能會把這些學生帶入危險而未知的領域，而顯得不知所措而有所擔憂。在桑耶中心的學生們必須在這樣的衝突中選邊站。之後情況愈來愈糟，使得仁波切與戴安娜決定搬遷至北美，而這有點是在戴安娜的敦促之下成行的。很難想像，如果當時沒有戴安娜的支持，仁波切究竟會不會通過這次的考驗。

　　仁波切與戴安娜於加拿大的蒙特婁（Montreal）稍作停留之後，得到美國的居留權並到了佛蒙特州（Vermont）一處僻靜的禪修中心居住，仁波切將之命名為「老虎之尾」（Tail of the Tiger）③。從此之後，他的佛行事業以驚人的速度擴展到整個美洲。仁波切從一九七〇年到了美國之後，直到他在一九八七年四月四日圓寂於加拿大諾華·司喀西亞半島的海力費克斯，其間所開示而保有錄音紀錄的總共超過五千場次（若以聽眾來算，則為數十萬人次）；所建立的相關組織無以計數，包括超過一百個佛法修行與禪修中心；並吸引了三千多位虔誠的美國信徒成為藏傳佛教的金剛乘修行者。數千以計的人們在他的教導之下學習禪修，而他的著作被翻譯成十二種以上的語言，銷售總量超過數百萬本。

　　仁波切是一位先驅者，早在其他藏傳佛教上師尚未來到美國之前，便將佛法帶入了美國，並且促成了多位偉大的上師於此弘法，包括第十六世大寶法王、頂果欽哲法王、第十四世達賴喇嘛等。同時，

他也與多位已在美國指導禪修的日本禪師建立了良好的關係。特別是在早期，他與鈴木禪師（Suzuki Roshi）便多有聯繫，而這位禪師在舊金山創立了禪修中心（the Zen Center in San Francisco）。其後，他則與北加州的寇本禪師（Kobun Chino Roshi）、宮禪師（Bill Kwong Roshi），以及「洛杉磯禪修中心」（the Los Angeles Zen Center）創立者馬茲密禪師（Maezumi Roshi）關係親近。

　　仁波切也是一位廣納異教的上師④。一九七四年，他在科羅拉多州的博得市設立了「那洛巴佛學院」（Naropa Institute）。這所學院吸引了各種不同領域的宗教學與靈修學老師。舉例而言，創校後的第一個暑期，仁波切邀請一位相當受到歡迎的印度精神學闡述者讓·達司（Ram Dass）到學院講課。在七○年代早期，這位老師的書籍《就在此時此刻》（Be Here Now）正是當紅炸子雞。許多不同傳承的佛法上師也在此教課，仁波切也主動經由學院而促成一場基督教與佛教的研討會，邀請這兩大教的當代修行者進行對話。

　　由於仁波切不僅在宗教上廣納各派、在文化上也是不分派別，因而吸引了詩人、劇作家、舞蹈家、音樂家、攝影師、油畫師等——各式各樣的藝術家，或是有名、或是微賤，而很多都是十分有才氣的。我們從學院中所呈現出來的各種課程與藝術風格，能明顯看見仁波切這種開放的精神遺產。

　　從仁波切早期在學院講課的黑白錄影帶中，可以對當時的情況窺探出端倪。在一九七○年代的早期到中期，仁波切的學生裡，許多甚或大多數都是年輕、邋遢、長髮、捨棄美國主流社會、想要學習另類

心靈學的嬉皮。其中不乏具有激進政治思想的人，他們或是上街抗議美國進行越戰，或是受到印度教瑜伽士所啓發，頂上留著一頭編織的長髮、頸上戴著一圈圈的念珠、口中還唸唸有詞地說「嗡」（om）。若你看的是這個時代的錄影帶，仁波切看起來仍是挺正常的。

不穿西裝、不打領帶，仁波切穿得可是光鮮亮麗的絲綢與棉衣，要是以今日來看，這眞是優雅極了。相反地，當鏡頭移動到觀眾時，所錄出來的畫面，就明顯看到一群二十來歲、花樣年華的少年們⑤──這與今日所見到的沉著穩重卻又追求時尙、富有並且多爲中年人的禪修者相較，可眞是強烈的對比。有些在香巴拉法教中所強調的重要部分，包括衣著合宜的規矩、直截了當的取向、個人戒律的規範，以及對於基本階層體制的接納，部分可以歸因於作者當時所要針對的那種「毫無顧忌」⑥的題材，而這也是那個時代的主要作風。

香巴拉訓練的緣起

以仁波切的所作所爲來看──特別是他在美國僅僅六年之間的種種──仁波切於一九七七年所創設的這個全新的「香巴拉訓練」課程，著實展現了他的企圖心，也實在令人驚訝。這個課程的主旨在於將禪坐的修持介紹給各種不同靈修背景與宗教組織的人們。香巴拉法教的傳遞與香巴拉世界的開創，乃是仁波切於最後十年在世的時期，所顯現之深切與長存的熱情所在。

仁波切對於香巴拉的興致並非一蹴即成的。他與香巴拉的關係可

以溯及他在西藏所受的訓練，包括對於傳統傳說的文獻研讀。事實上，當他攀越喜馬拉雅山以逃離中共時，他正著手於一份有關香巴拉的手稿，只可惜這份手稿於逃亡的途中遺失了。然而，在他到了北美之後的剛開始那幾年，並沒有開示太多有關香巴拉的內容。接著，在一九七六年，仁波切忽然開始多次親見本尊，並被授予香巴拉法教的相關法本，也開始將該法引薦給他的老弟子們。由此所生的便是要將這個修持以廣泛給予課程的方式，呈現給廣大西方民眾的想法。

經由許多老弟子的協助，仁波切將這個香巴拉法教以週末系列課程的方式來進行，稱之為五階段的香巴拉訓練課程。前四階段乃是由仁波切的老弟子所傳授，第四階段則主要是由仁波切在西方的大弟子與傳承持有者，也就是金剛攝政歐瑟・天津（Osel Tendzin）所教導。這些階段所介紹的是禪坐的修持與香巴拉勇士精神的基本法教。於剛開始的前六年，仁波切都親自教授第五階段，也就是最後一個階段的課程，這也是編纂本書的資料來源。

仁波切對於香巴拉法教的闡述，也因而引領他到了加拿大東海岸省份之一的諾華・司喀西亞半島。之前他已經在美國科羅拉多州的博得市成立了佛法事業的駐錫地，包括「那洛巴佛學院」的創立與「金剛體性」組織（Vajradhatu）的成立，後者乃是仁波切所建立全球佛法中心網路的國際總部。然而在引介了香巴拉法教之後，他開始尋找新的駐錫之地，我想他是為了要尋覓一個能讓香巴拉世界因而開展的地方，他在加拿大一處不起眼的角落找到了這個據點。他這輩子裡最後所做的幾項重要計畫之一，就是舉家遷往該省的首府海力費克斯，並

在此成立了他的駐錫之處。今日,這個省份已經成為「香巴拉國際組織」(Shambhala Internationl)的總部,旗下包括「金剛體性」與「香巴拉訓練」兩大組織,分別是仁波切有關佛法與香巴拉法教的事業中心。

爭議與真誠

在簡述仁波切的生平之時,如果對於仁波切的令人爭議之處隻字未提的話,那就太草率了。仁波切的生活裡充滿了驚人的舉動;而他的驚人活力也灌注於他的法教之中。同樣地,他自己的生活也是一種他所教導的宗教事業與世俗活動之融合體。仁波切對於飲酒與女人的熱愛是眾所皆知的,而他生命的進展則是由幾次極具影響力的爆發事件所推動。中共對於西藏的入侵行動爆發之後,使仁波切與許多其他上師必須因而逃離。他的意外車禍又是另一個突發狀況,使他決定還俗。在桑耶中心的問題重重,也促發他離開英國而動身前往北美。最後,在仁波切的金剛攝政歐瑟·天津因愛滋病的併發症去世之後,所引發的悲劇性情境,使得仁波切的聲譽從此帶著爭議性,甚至到了死後仍是毀譽參半。在這之後,有些西方的佛教徒便以此來攻擊仁波切、他的法教、他的弟子,以及他的聲譽。

當然,當仁波切還在世的時候,這些爭議一點兒也不會煩到他。事實上,他還很大方地歡迎各方的批評。他的個人整體感不會受到外在判斷的左右,而他也一向認為敞開胸懷、開放表明是比較好的。他一點兒也不想隱藏任何事情。

由一位原本應該是證悟的上師所做出來一些不尋常的舉動，有時會被維護的一方說成是，這位上師與他所面對的學生之輪迴或迷惑的世界的一種溝通方式。或許我們也可以這麼來說仁波切。然而，我不認為他自己會用這些論點來解釋自己的行為。我記得一九八三年左右，他在一次與《博得市景日報》（Boulder Daily Camera）記者的訪談中，被問及他被人所指的濫交行為。仁波切回答道，儘管他有自己的親密關係，他也愛他所有的學生。他對人類擁有一種極強的熱愛，尤其對我們這些學生，他更具有一種能將人從裡到外，看得一清二楚的過人能耐。他從不會不著邊際地傳道。這是他諸多的偉大能力之一。

在一九七〇到一九八〇年代之間，他的觸角廣及數千位對於傳統宗教取向不感興趣，但卻仍渴望靈修的人們。他的法教仍然保有著真誠實在與童叟無欺的特質。當我在編輯這本書時，對於有幸能夠聆聽這麼一位精神導師，以毫無宗教假飾的方式來談論各式各樣的主題，覺得真是令人鬆了口氣。

大約五年以前，「香巴拉檔案」（Shambhala Archives）剛剛開始翻錄一些上述在一九七〇年代早期於「那洛巴佛學院」所錄製的老式錄影帶，當時我還是該組織的負責人。我看到一卷錄影帶的內容是有關死亡的座談會，那時仁波切邀請了兩位西方的心理治療師來做討論。其中一位治療師現今已是首屈一指的佛法死亡學專家，當時在座談會上則顯得相當嚴謹而嚴肅。她看來似乎是以一種睿智而關愛的姿態，來談論像「死亡」這種嚴肅而重要的話題。接著，到了錄影帶的最後，當座談會結束、而與會人士覺得「鏡頭放下」了，這位年輕女性

向仁波切要了根香菸。當她抽起香菸時，忽然就變了樣，成為一位毫不在意而年輕性感的女性。仁波切則是從頭到尾沒有任何改變。這真是有趣的對比。

仁波切對於去說一些人們一直在想、卻又害怕談論的東西，有他特別的訣竅。他也向來從不保留。在這本書中，有許多這類的例子，有些是幽默逗趣的、有些是語出驚人的、有些則是令人心碎的。我希望這本書的編輯方式在這方面是公平處理的。

仁波切對於英文的精通能讓以英語為母語的人們印象深刻；對於一位西藏人來說，這是相當不平凡的。他所用來說明佛法關鍵概念的英語字彙，以及著作裡所使用的豐富而隱喻式的英語用字，大大地幫助了美國的學生了解佛法的用語，也使得他的開示十分具有詩意。而他對於西方人心裡所想的了解之深，著實令人不可思議。而今，他已經圓寂十多年了，他的這些特質在西方的諸多精神導師之中仍然是獨一無二的。這也是為何大家私底下都會讀他的書，只是有些人不肯承認而已。

創巴仁波切不僅對他自己所教的學生來說是個上師，對於許多後代的人來說也是如此。正如他在書中所一再強調的，他所真正關心的就是要來幫助他人。我希望讀者都能從他的開示中讀到這些智慧。

資料來源

　　本書除了最後兩個章節,是由創巴仁波切公開演講的內容所編輯而成的之外,其餘的部分皆是來自仁波切在第五階段香巴拉訓練課程中的開示。所蒐集到的資料分別是於下述地方舉行的週末訓練課程內容:紐約州的紐約市、麻薩諸塞州的波士頓、科羅拉多州的博得市、加州的柏克萊,以及加拿大的溫哥華。每個場次的聽眾約有一百五十位到兩百位之間,他們都已完成了前四階段的週末訓練課程。第五階段的課程通常開始於星期五的傍晚,先是仁波切的開示,接著在星期六、星期日的白天分別安排經行、禪坐的禪修時段,並且穿插個別訪談與小組討論的方式,這些都是由仁波切的老弟子來協助主持的。而在這兩天的傍晚,則是由仁波切親自開示。到了星期日晚上,當課程圓滿之時,每位學生都會獲得一份學位以及一個「東方大日」的徽章,以代表他們完成了這個訓練。接著便是結業餐會,通常還會有人吟詩作曲、唱歌慶功,有時仁波切也會大筆揮毫一番。本書的章節大多是以三個爲一組,便是爲了配合作者每次週末所開示的三個場次。

　　在仁波切給予這些開示的當時,第五階段的課程被命名爲「廣闊的虛空／本初的一筆」,並且簡單分爲三個帶有邏輯性的主題:信任、捨離、放手。因此,由這點來看,本書的大多數內容都與這三者有關,當然每個章節又各有其獨特的內容。正如我在「編者序」中所說的,希望讀者能由重複的主題中找到有意思的內涵。另外,部分早期的錄音帶取得不易,有些場次甚至只剩下僅存的一份,這還是我透過

香巴拉的網路才找到的;部分錄音帶則是年久失修、音質不佳,因為已經將近二十年了;還有部分錄音帶是從來沒有做過紀錄、尚未被人研讀過的。很高興能藉這個機會將它們還諸於世人。若是讀者想要親自聆聽這些錄音帶,敬請聯絡我們的總部。或許讀者也有興趣想知道,作者自己研究本書相關主題時所參考的主要經典,乃是《大手印的月光》(*Moonbeams of Mahamudra*),這是塔波‧札西‧南佳(Tagpo Tashi Namgyal)上師的著作。英文版曾於一九八六年由香巴拉出版社所印行,只可惜目前已經絕版。

　　編輯本書的時候,我盡可能地保留仁波切的開示,即使是我不了解、我不同意或是聽起來讓人不舒服的內容,我都不做任何的改變或割捨。仁波切常會說出一些令人聽得很不是滋味的話,不過這也正是他的真誠所在。另外,對仁波切特別強調、或是以不同語調所說出的字眼,我便加以標出(內文中以粗黑體標示者),以便忠於仁波切原先充滿旋律性、生動而豐富、具體而當下的語言韻律。或許有些讀者會發現,本書有些內容與前一本《香巴拉:勇士之聖道》稍有重疊,然而由於階段不同、內涵相異,因此仍將之再度納入。另外,也許還有讀者會認為,本書與前一本有極大的差異性,那就是仁波切的特質明顯地被凸顯出來,不像在前一本那樣中規中矩地討論一些題材。在這本書中,仁波切既叛逆、又幽默、有時甚至惹人不安,然而這卻正是他具有影響力、吸引性與爭議性的顯現。

　　感謝所有協助本書出版的朋友,以及鼓勵我完成編輯的重要人物,特別是仁波切的妻子戴安娜為本書寫「前言」、仁波切的兒子蔣

貢‧米龐仁波切為本書寫「跋」。對於仁波切所給予我的一切，我無以回報。僅以這本書的呈現，來表達我對他的一份感恩；並希望以仁波切的智慧之光，除去我在編輯上的種種缺失。願本書能夠利益眾生。願東方大日恆久照耀。

多傑‧玉赤，吉米安

（Dorje Yutri, Carolyn Rose Gimian）

一九九八年五月五日

寫於加拿大諾華‧司喀西亞半島

塔塔瑪固西

---

① 譯注：青康藏高原地帶大多寸草不生，甭提蔬菜或樹木了。
② 原注、譯注：在藏傳佛教中，有一種特別的法要傳承方式，稱為「伏藏」（藏音「德瑪」terma）。包括「岩藏」（例如蓮師將法本藏於岩洞之中以便後人取出）、「心藏」（弟子親見本尊）、「虛空藏」（弟子於虛空中取出法本）等；乃由該法之本尊親授、或顯現、或開啟原本藏於弟子意識裡或空性中的法要。能夠傳承此法的特殊弟子被稱為「伏藏師」（藏音「德童」terton），例如著名的邱吉‧令巴上師（Chogyur Lingpa），而空行母（藏音 dakini）則是負責保護、並促使伏藏取出的重要功臣。
③ 原注：這個中心後來由第十六世大寶法王改名為「噶瑪苣林」（Karme Choling），意思是「佛行事業之處」（Dharma Place of Action）。
④ 譯注：在西藏稱為「利美精神」或「利美運動」，乃是「不分教派」的意思，第一世欽哲旺波仁波切、第一世蔣貢康楚仁波切等重要上師皆為這個運動的領導者。而創巴仁波切則更進一步地將之推廣至不同宗教、不同文化、不同藝術等。
⑤ 譯注：事實上，編者所用的 flower children 乃是專指早期的嬉皮。這個運動主要是對於自由愛情的崇尚與當時主流物質主義的排斥，儘管後來變質為迷幻藥物的使用與性愛關係的混亂等，但剛開始的自由思想與創意生活的確吸引了不少人。早期的嬉皮被稱為「花樣年少」（flower children），乃因他們各個長髮披

肩、衣衫著地、色調迷幻、還戴朵花兒在髮上。有段著名的歌詞：「要去舊金山時，別忘了戴朵花兒在你頭上」（If You're Going to San Francisco, Be Sure to Wear a Flower in Your Hair）就生動地刻劃出當時舊金山嬉皮運動重鎮 Height Ashbury area 的風貌。這個時代的西方年輕人思想開放，不僅對東方的佛法相當有興趣，也欣賞印度教、日本禪宗、薩滿教等，其後還引發出女性運動、環保運動等，對西方文化的覺醒影響很大。

⑥ 譯注：編者所用的字眼為 raw，意思是不成熟、未加工，以及無顧忌。所指的是當時嬉皮風潮下的主要作風。

〈名詞解釋〉

　　　　以下的名詞解釋乃針對本書的用語含意來做說明。若未特別注明，非英文的名詞皆為梵文。

Ashoka 阿育王。大約在西元前二三八年左右，印度孔雀王朝的最後一位國王。他於在位期間的第八年轉信佛法並且捨棄用武，這是因為他看到那些由於他所推動的戰爭以至被征服的人們之痛苦情況。在當時的印度社會裡，佛教只是一個小小的教派，由於他的維護而使佛法能於印度弘揚。在他轉信佛法之後，阿育王決定要依據佛法來生活，並且為他的子民與全人類服務。他在弘揚佛法的同時，並不會打壓其他教派；他也不要求別人跟他一樣轉信佛法，而是將重點放在宣導合乎倫理的行為舉止，包括誠實、慈悲、悲憫、非暴力，以及離於唯物傾向等善德。他為人類與動物都成立了醫院，也因種植行道樹木、設立安養機構，以及挖掘水井水源而享譽盛名。另外他也指定一群高官成為「佛法大臣」。他們的責任便是要去隨處救苦救難，特別是要照顧婦女的需求、周遭的人們，以及其他宗教團體。他也建造了一些舍利塔與寺廟，並將他對佛法所了解的意義銘刻於岩石與柱子上，這些便是著名的岩石佈達（the Rock Edicts）與石柱佈達（the Pillar Edicts）。其中在薩納斯（Sarnath）所高聳的獅子大柱更是今日印度的國寶之一。阿育王和佛教的關係，可參見新加坡古正美博士的研究，台灣有專書出版。「孔雀」王朝的音譯為「毛利安」（梵 Mauryan），為古印度王朝。自西元前三一七年至前一八〇年頃，計歷一三七年。西元前三二七年，希臘亞歷山大大帝

（Alexandros）遠征印度，其時，摩揭陀國（梵 Magadha）之難陀王朝（梵 Nanda）稱霸北印度恆河平原一帶。旃陀羅笈多王（梵 Chandragupta）趁機而起，平定北印度，建都於摩揭陀國巴連弗城（梵 Paliputra），創建孔雀王朝（梵 Maurya），建立印度史上中央集權統一之大帝國。至其孫阿育王時，為該王朝之鼎盛時期，對外，與埃及、希臘諸國建交，對內，則以「法」為治國之政治理想，並於國內建設各種福利事業。阿育王皈依佛教，在其保護獎勵之下，佛教普及全印度，並傳播至臾那世界（中央亞細亞之希臘人殖民地）、楞伽國（錫蘭島）、金地國（緬甸）等地，而他也在確認各佛教聖地後立石柱公告周知。此時佛教教團分裂為上座部（梵 Theravada）與大眾部（梵 Mahasanghika）。阿育王雖厚護佛教，然亦未排斥其他宗教，故耆那教與婆羅門教在其寬容政策下，亦逐漸興盛發展。前者又分裂成白衣派、空衣派；後者則整備教學，完成作為吠陀聖典補助文獻之諸經。阿育王歿後，孔雀王朝亦因而失勢。西元前一八〇年頃，將軍弗沙蜜多羅（梵 Pushyamitra）叛上弑君，印度旋又陷於分裂之狀態。（見該書第 1377 頁）

Bija 點字、能量、種子或根本之力。在「點字咒」或「種子字」裡，匯集了實相本質的某些層面，並以象徵性或擬音式的聲音形式來顯現。在香巴拉法教中，作者將本初的那一點稱之為「點」。請參考「咒」與「嗡、啊、吽」。

Bija Mantra 種子字。請看「點字」與「咒」。

Bodahisattva 菩薩。字義為覺醒的人。菩薩便是一位發願要捨棄己利、

幫助他人離苦得樂的人。在佛法中，菩薩則特指發願修持六度萬行的人，六度又稱為「六波羅密」（音譯），分別是布施、持戒、忍辱、精進、禪定與智慧。

Buddhadharma 佛法。佛陀所教導的真理。參見「法」。

Buddha-Nature 佛性。一切眾生原本具足的證悟本性。在香巴拉法教中，基本良善的概念與佛性是相近的。請見「如來藏」。

Chi 氣。中國人常用來解釋生命能量的用語。這裡所指的「氣」與香巴拉法教中所說的「風馬」（見第九章「如何生起東方大日」）是相似的。

Chuba 裙袍。西藏男女穿著的傳統裙袍。有各式各樣的衣料可以用來做這種裙袍，例如絲綢、羊毛、棉花或是毛皮。

Dharma 法、常態、現象或是律則。常用來指佛法、佛陀的法教。也可以說是實相的基本顯現，或是現象世界的各個要素。

Dharma Art 佛法藝術。作者所自創的藝術形式，以毫不憤怒、毫無侵犯的精神來展現實相真理。

Drala 爪拉（音譯）。在香巴拉的法教中，特指超越憤怒而不再侵犯的顯現、能力或勇氣。儘管有時翻譯為「戰神」，但作者的用意乃是指超越戰爭的一種力量或能量。

Garuda 大鵬金翅鳥。半人半獸的神話之鳥，與極大的速度與力量有關。猶如鳳凰，這種鳥也是從廢墟灰燼中而生；因而，也有著無可摧毀的特性。

Gesar of Ling 格薩王。他乃是一位偉大的武士、國王，生於西藏東北

部,與作者來自同一個地區。格薩是作者所屬木克坡宗族的一員,而也因為與這位祖先有著深厚的因緣,因此作者便將他的第三個兒子命名為格薩。格薩王的傳奇生平與豐功偉業在西藏文獻史詩中佔有相當重要的地位,直到今日仍然可從長輩的口中聽到這些故事。正如許多史詩中的英雄一樣,格薩王的歷史淵源有點兒因為他的傳奇性以至於有些模糊不清。根據第一位蒐集格薩史詩文獻的西方人大衛—尼爾(Alexandra David-Neel)的研究,格薩王可能是第七世紀或第八世紀的人物,也有人認為應該是在第十二世紀。在大衛—尼爾與喇嘛勇登(Lama Yongden)所撰寫、由香巴拉出版社所印行的《格薩王的傳奇故事》(*The Superhuman Life of Gesar of Ling*)書中前言裡,創巴仁波切寫道:「我們可把格薩王的整個故事視為一位勇士的心智展現。格薩代表著理想中的勇士,也就是全勝自信的要素。做為一種清明的中心力量,他征服了一切敵人,也就是那將人心帶離佛法真義的四方魔怨之力,它們讓人無法聽到這種教導人們成就無上證悟的法教。」(見原書第 12 頁)

Kagyu 噶舉(音譯)。藏傳佛教中著名的口耳傳承教派。「噶」指的是上師的口語指示。噶舉派乃是藏傳佛教的四大教派之一,又稱為「白教」(其他三派則為寧瑪巴,即「紅教」;格魯巴,即「黃教」;薩迦巴,即「花教」)。在第十一世紀由大譯師馬爾巴(Marpa)由印度傳至西藏。

Karma Kagyu 噶瑪噶舉(音譯)。「噶瑪」這個梵文意思是「事業」或「舉止」,乃是噶舉派四大八小中的一大派別,其精神領袖稱為「大

寶法王」（清朝皇帝所賜名號，其後便加以沿用），這也是作者所屬的派別。

Karmapa, His Holiness the Sixteenth Gyalwa 第十六世嘉華噶瑪巴（音譯），或稱「大寶法王」。大寶法王乃是藏傳佛教噶瑪噶舉派別的精神領袖，作者也是屬於這個派別。「噶瑪巴」的意思是「事業者」，「嘉華」指的是「尊勝者」。有時又被稱為「嘉汪」（Gyalwang），意思是「尊勝者之王」。第十六世大寶法王本名嚷瓊・利沛・多傑（Rangjung Rigpe Dorje），在作者年幼之時即已認證其為第十一世創巴仁波切。於一九五九年逃離西藏之後，在錫金（Sikkim）建立了新的駐錫之地隆德寺（Rumtek Monastery）。曾經三度訪美，分別是一九七四年、一九七六至一九七七年間與一九八〇年。他在一九八一年的十一月由於癌症的併發症而圓寂於美國。

Khyentse Rinpoche, His Holiness Dilgo 頂果欽哲法王。曾為藏傳佛教四大派之一寧瑪巴（音譯，又稱「舊教」、「紅教」）的精神領袖。法王是作者幾位重要的上師之一，曾在西藏教導過他。法王也曾在作者的安排之下，於一九七六年與一九八二年分別訪美兩次。於一九八二年時，頂果法王賜予作者香巴拉的主要灌頂（授予修持的准許），也在一九八七年為作者舉行荼毗大典（佛教的火化儀式）。頂果法王其後持續指導創巴仁波切的弟子與學生們，直到他於一九九一年圓寂。

Kyudo 禪箭術。偉大的日本箭術師 Kanjuro Shibata Sensei 在一九八〇年代遇見仁波切之後，便成為他的好友。並曾在博得市居住，為仁波切的數百位弟子教導箭術。

Lama 上師。藏文「喇嘛」的意思與梵文「咕如」（guru）是一樣的，指的是一位精神導師。

Mahayana 大乘。佛教的三乘之一，所強調的重點在於現象的空性、慈悲的生起、佛性的了悟。

Mantra 咒語、真言。一般的意思為神聖的聲音或唱頌，特指金剛乘裡與某位本尊相關的一種或一串聲音。是一種保護我們心性不受干擾的形式，作者形容它是一種擬音的、原型的、本初的聲音。

Mara 魔。字義為死亡或摧毀，是梵文、也是巴利文。在釋迦牟尼佛成道之前，當他在菩提樹下禪修時，「魔」便以死亡的化身來打擊佛陀，之後被佛陀降伏，佛陀也因而成就了無上正等正覺。一般來說，「魔」指的則是干擾行者證悟的障礙，以及世界的負面力量。

Milarepa 密勒日巴尊者。為西藏著名的瑜伽行者與詩人。他的師父即是在第十一世紀將噶舉派由印度帶至西藏的馬爾巴大譯師（Marpa）。在跟隨馬爾巴大師多年之後，密勒日巴尊者便長期於偏遠的山洞裡獨自閉關而成為苦行的瑜伽士。在他即身成就之後，他的傳奇生平成為西藏人民口耳相傳的重要故事之一，而他所寫下的美妙證道歌也在近代被翻譯成多種語言，包括香巴拉出版社所印行的書籍在內。

Om，Am，Hum 嗡、啊、吽。在金剛乘中最常用於觀想與咒語修持的種子字。在藏傳佛教裡，本尊所代表的並非是世俗的神祇，而是實相不同層面的各種能量，有時則可被觀想為頭上的「嗡」、喉間的「啊」與心間的「吽」；（修持本尊的法要）而與本尊相應則可成就這個本尊所代表的能量。參見「點字」與「咒語」。

Parinirvana 圓寂。與「涅槃」大體上同義，但指的是完全解脫的境界，大證悟、大自在。常用來描述佛法大師的去世，但也可指大師仍然在世時的解脫。

Pawo 帕渥。「勇士」、「戰士」、「武士」的藏文（音）。字義上為「勇者」，在香巴拉法教中所指為征服憤怒的人，而非進行戰爭的人。

Prajna 般若。「證悟智慧」的梵文（音）。也可用來指能斷除無明的敏銳覺察力。

Rigden 香巴拉國王，相傳能從他們的天宮看管人間的事物。象徵全然成就香巴拉法教中所強調的勇氣與慈悲的人。

Samsara 輪迴。梵文的音很接近「娑婆」。由於無明以至於痛苦的生存狀態。

Sangha 僧伽（僧眾）。一群佛教修行者。作者在《東方大日》中對這個用語的定義為：「能夠讓我們持守戒律、為我們照亮我執的朋友，我們稱之為僧伽（僧眾）。在香巴拉的文化中，這種朋友又稱為『勇士』。而勇士能為彼此提振士氣，共同創造一個勇士的社會。」

Songtsen Gampo 松贊岡波王。西藏第一位崇尚佛法的國王，在他的治理之下，西藏不僅政教穩固，也開始了一段延續兩百年左右國泰民安的太平盛世（從第七世紀中期到大約西元八三六人、當最後一位鏑傳後裔隴帕千王 Ralpachen 被暗殺為止）。他的功績包括使藏語得以書寫（以便將梵文佛經翻譯為藏文）、定都於拉薩並在當地建造西藏最早期且最有名的大昭寺以便供奉來自中國的妻子文成公主所帶來的殊勝佛像、亦即釋迦牟尼佛等身像。作者在自傳式的回憶錄《生

於西藏》一書中曾經寫道：「在我回到蘇芒寺的途中，經過了稱爲『必』（Bi）的山谷，這裡在第七世紀時，松贊岡波國王曾經派遣大臣在此歡迎文成公主的來臨。當這些大臣在等候時，他們將佛經的一段經文刻在岩石上面；有些是藏文、有些是梵文……而當文成公主來到這裡稍作休憩並看見這些經文時，她更加上一個巨大的大日如來（毘盧遮那佛）之像在上面，超過二十英尺之高……」

Tantra **密續**。金剛乘的同義詞。字義爲「持續」，所指爲金剛乘的法本或是修行之道。作者經常用它來意指：以覺悟的方式來運用或欣賞精神能量。

Tathagatagarbha **如來藏**。「如來」（Tathagata 音譯爲「塔達嘎他」）爲佛陀的名號之一，意思爲「超越者」。「藏」（Garbha 音譯爲「嘎巴」）則指「子宮」、「要素」。「如來藏」在梵文中的意涵爲「佛性」，一切眾生原本具足的證悟本性，這也是佛教大乘的主要宗旨。參見「佛性」。

Vajra **金剛**。藏文爲「多傑」（dorje）。猶如鑽石一般不可磨滅。指的是智慧與證悟的根本無可摧毀之本質。

Vajra Sangha **金剛僧眾**。修持金剛乘佛法的行者們。

Vajrayana **金剛乘**。金剛不壞之道、無可摧毀之乘。乃佛教之第三乘，又稱爲密續乘、眞言乘。

Yana **車乘**。象徵修行者成就證悟之道。佛法有不同的三乘，分別是小乘（東南亞佛教國家所著重修行的方式，又稱爲南傳佛教）、顯教（大乘之一，中國佛教所重者）、密教（大乘之一，亦即金剛乘、密續

乘，藏傳佛教所著重者），各有各的角度、觀點與修持。參見「大乘」與「小乘」。

Yoga 瑜伽。字義上為相融或合一。儘管今日較常用於說明不同學派的身體姿勢與運動方法，瑜伽其實比較多是屬於靈修的層面。在印度教中，瑜伽意謂著將自己轉向上天並與之相融。在密續乘中，瑜伽則指使身心同步而能了悟實相或真理。西藏偉大的密勒日巴尊者即是屬於瑜伽行者。

Yogin 瑜伽士（yogi）**或瑜伽女**（yogini）。修持瑜伽的人。Yogin 則是兩性皆可使用。

Zabuton 蓆墊。長方形的禪修蓆墊，長寬大約為三英尺乘以二英尺，禪坐時放於禪修的蒲團之下。

Zafu 蒲團。蓬鬆、圓形的禪修坐墊，裡面經常塞有木棉，為日本禪師所用。仁波切早期在指導禪坐時曾經使用，但後來則自行研發一種長方形的禪修坐墊，他稱為「供登」（gomden）。

〈作者筆注〉

以下為作者講述本次課程所依據的筆注，由「那瀾陀翻譯委員會」（Nalanda Translation-Committee）根據作者的藏文手稿翻譯而成。

本初的那一筆

1. 廣闊虛空中的一點

    信任　　基本良善

    捨離　　落日（階層）

    放手／勇敢　　愛以待人（獨立）

2. 面對清晨憂鬱症

    捨棄習氣：基本良善之喜／落日世界之悲；

    接著，「阿謝」生起，於是你能夠確認如何取捨。

    因此，你便能愛戴上師並且尊重長者：階層。

3. 克服生理上的唯物主義

    放手：由於你對無明沒有恐懼，你便善待自身。因此，你也恆常善待他人（獨立）。

    智慧：你獲得智慧以及對於階層的信服感。

    由於：身之戒律、語之真實、心之無欺，因而生起能將天地相和的國王

本初的那一點

4. 宇宙的噴嚏：無從考察。

5. 四季的規律：無從考察。

6. 大圓鏡智：無從考察。

神聖的存在：天地合一

7. 神聖性：大自然的律則與秩序

   基本良善

   信任　　耐心（忍辱）帶來了康健。

   　　　　離於懶散的自在帶來了盡力（精進）。

   　　　　信心帶來了無所畏懼。

8. 基本良善之王

   因修持禪修而生起（對落日世界的）厭惡感。

   　　1. 關心他人（而無所懷疑）便帶來了勇氣。

   　　2. 知道如何取捨便帶來了柔和。

   　　3. 由於有一位能將天地相和的國王，因而身心得以同步。

9. 如何生起東方大日

   放手　　觀照、覺察、正直

   　　　　風馬、見到基本良善、真誠的心

   　　　　悲喜相和、東方大日

   　　　　散發自信、祥和、

   　　　　照亮戒律

   　　　　治理三界

想要成為的熱情

10. 無所責怪：如何愛自己

　　利益他人　　厭惡

　　信任　　勇士

　　康健、頭及肩膀與喜悅

　　不去責怪他人

11. 成就上三道

　　勇氣：由於自在，因而柔和對待自己並且慈愛對待他人。

　　因此，毫不間斷地住於慈悲中而生起愉悅，

　　對於世界以及所居住的眾生也生起喜悅。

　　經由虛空中的一點，

　　學習到如何食、行、臥、坐。

　　而能投生於上三道。

12. 大大的不

　　正直：不認為自己高人一等、不輕視他人而以批評。（喜悅）

　　　　能夠信任。

　　　　由於離於詭詐伎倆，而能離於希望與恐懼。

無所畏懼的輕鬆

13. 孤獨與上三道的七善德

　　悲傷與孤獨　　對待自己以柔情（虔誠）

　　　　　　　　　對待他人以慈愛

由此虛空中的一點，因而了解到四種行為①。

並且生起上三道的七種善德：(1) 信心 (2) 戒律 (3) 勇敢 (4) 學習 (5) 端正 (6) 謙虛 (7) 妙觀察。

14. **四季之王**

由於虛空中的一點已然生起，便不再有落日想法。舉止端正。因此，成就了無所畏懼的境界（猶如老虎）。無所畏懼便帶來了放鬆自在。

於是生起了大自然的階層，而在此離於恐懼之放鬆自在中，便生起了最初的愉悅。

---

① 原注：所指可能為食、行、臥、坐四種行為。

〈相關資源〉

有關香巴拉訓練課程的相關資訊，讀者可以聯絡美國總部，或是上網查詢全球所有提供相關資源的中心，如下：

Shambhala Training International

Add：1084 Tower Road, Halifax, Nova Scotia, Canada B3H 2Y5

Tel：0021-902-425-4275

E-mail：kikisoso@shambhala.org

Web site：www.shambhala.org

作者所創建的「那洛巴佛學院」乃是美國唯一經過授證的佛學大學，雖以佛學為主、但也同時提供各種不同修行領域的大學與研究所課程。聯絡方式如下：

The Naropa Institute

Add：2130 Arapahoe Avenue, Boulder, Colorado 80302, U. S. A.

Tel：0021-303-444-0202

Web site：www.naropa.edu

〔附錄〕

謹附上詩偈原文，請讀者自行參照、體會。

致格薩王
To Gesar of Ling

Armor ornamented with gold designs,

Great horse adorned with sandalwood saddle:

These I offer you, great Warrior General---

Subjugate now the barbarian insurgents.

Your dignity, O Warrior,

Is like lightning in rain clouds.

Your smile, O Warrior,

Is like the full moon.

Your unconquerable power

Is like a tiger springing.

Surrounded by troops,

You are a wild yak.

Becoming your enemy

Is being caught by a crocodile:

O Warrior, protect me,

The ancestral heir.

第一章

〈詩偈之一〉 珍珠街一千一百一十一號：出軌

1111 PEARL STREET:

OFF BEAT

In the clear atmosphere,

A dot occurred.

Passion tinged that dot vermilion red,

Shaded with depression pink.

How beautiful to be in the realm of nonexistence:

When you dissolve, the dot dissolves;

When you open up, clear space opens.

Let us dissolve in the realm of passion,

Which is feared by the theologians and lawmakers.

Pluck, pluck, pluck, pluck the wild flower.

It is not so much of orgasm,

But it is a simple gesture,

To realize fresh mountain air that includes the innocence of a wild flower.

Come, come, D.I.R., you could join us.

The freshness is not a threat, not a burden:

It is a most affectionate gesture---

That a city could dissolve in love of the wildness of country flowers.

No duty, no sacrifice, no trap:

The world is full of trustworthy openness.

Let us celebrate in the cool joy

The turquoise blue

Morning dew

Sunny laughter

Humid home:

Images of love are so good and brilliant.

第六章
〈詩偈之二〉 美的早晨裡的早安

GOOD MORNING WITHIN THE GOOD MORNING

Because of my forefathers,

Because of my discipline,

Because my court, the tutors and the disciplinarians, have been so tough with me---

You taught me the Shambahla vision.

I feel enormous gratitude.

Instead of sucking my thumb,

You taught me to raise head and shoulders.

With sudden unexpected eruption,

I have been blown into the cold land of a foreign country.

With your vision, I still perpetuate the discipline you taught me.

On this second occasion of the Shambhala Training of Five,

I would like to raise a further toast to the students and their practice:

May we not suck our habitual thumbs,

May we raise the greatest banner of the Great Eastern Sun.

Whether tradition or tales of the tiger,

We will never give up our basic genuine concern for the world.

Let there be light of the Great Eastern Sun

To wake up the setting-sun indulgence.

Let there be Great Eastern Sun in order to realize

Eternally there is always good morning.

第十章
〈詩偈之三〉 四首未命名的詩

I

First it swells and goes where it will,

Isn't this a river?

It rises in the East and sets in the West,

Isn't this the moon?

II

Never setting,

Isn't this the Great Eastern Sun?

Whether it exists or not,

It is the Shambhala kingdom.

III

Love that is free from hesitation

And passion that is free from laziness

Can join East and West.

Then, South and North also arise.

You arise as the king of the whole world.

You can join both heaven and earth.

IV

Being without fear, you create fear.

The renown of fear cannot be feared.

When through fear you examine yourself,

You trample on the egg of fear.

第十二章
〈詩偈之四〉 如何去知道「不」
HOW TO KNOW NO

There was a giant No.

That No rained.

That No created a tremendous blizzard.

That No made a dent on the coffee table.

That No was the greatest No of No's in the universe.

That No showered and hailed.

That No created sunshine and simultaneous eclipse of the sun and moon.

That No was a lady's legs with nicely heeled shoes.

That No is the best No of all.

When a gentleman smiles, a good man.

That No is the best of the hips.

When you watch the gait of youths as they walk with alternating cheek rhythm,

When you watch their behinds,

That No is fantastic thighs, not fat or thin, but taut in their strength,

Loveable or leaveable.

That No is shoulders that turn in or expand the chest, sad or happy,

Without giving in to a deep sigh.

That No is No of all No's.

Relaxation or restraint is in question.

Nobody knows that Big No,

But we alone know that No.

This No is in the big sky, painted with sumi ink eternally,

This Big No is tattooed on our genitals.

This Big No is not purely freckles or birthmark.

But this Big No is real Big No.

Sky is blue,

Roses are red,

Violets are blue,

And therefore this Big No is No.

Let us celebrate having that monumental No.

The monolithic No stands up and pierces heaven;

Therefore, monolithic No also spreads vast as the ocean.

Let us have great sunshine with this No No.

Let us have full moon with this No No.

Let us have cosmic No.

The cockroaches carry little No No's,

As well as giant elephants in African jungles---

Copulating No No and waltzing No No,

Guinea pig No No,

We find all the information and instructions when a mosquito buzzes.

We find some kind of No No.

Let our No No be the greatest motto:

No No for the king;

No No for the prime minister;

No No for the worms of our subjects.

Let us celebrate No No so that Presbyterian preachers can have speech impediments

in proclaiming No No.

Let our horses neigh No No.

Let the vajra sangha fart No No---

Giant No No that made a great imprint on the coffee table.

第十三章
〈詩偈之五〉　謙讓者：具影響力的淡然平靜以及具危險性的自我滿足
THE MEEK
Powerfully Nonchalant and Dangerously Self-Satisfying

In the midst of thick jungle

Monkeys swing,

Snakes coil,

Days and nights go by.

Suddenly I witness you,

Striped like sun and shade put together.

You slowly scan and sniff, perking your ears,

Listening to the creeping and rustling sounds:

You have supersensitive antennae.

Walking gently, roaming thoroughly,

Pressing paws with claws,

Moving with the sun's camouflage,

Your well-groomed exquisite coat has never been touched or hampered by others.

Each hair bristles with a life of its own.

In spite of your feline bounciness and creeping slippery accomplishment,

Pretending to be meek,

You drool as you lick your mouth.

You are hungry for prey---

You pounce like a young couple having orgasm;

You teach zebras why they are black and white;

You surprise haughty deer, instructing them to have a sense of humor along with their fear.

When you are satisfied roaming in the jungle,

You pounce as the agent of the sun:

Catching pouncing clawing biting sniffing---

Such meek tiger achieves his purpose.

Glory be to the meek tiger!

Roaming, roaming endlessly,

Pounce, pounce in the artful meek way,

Licking whiskers with satisfying burp.

Oh, how good to be tiger!

第十四章
〈詩偈之六〉 四季如宜的生活
SEASONING LIFE

Children run barefooted

Old men with walking sticks sniff fresh air

Spring is good---we all blossom

Active time for the umbrellas

Muddy path for the horses

Chrysanthemums and peonies are gorgeous

Summer is imperial festival

A drop from heaven on my head

I discover it is merely apple

Prosperous time

We are attacked by hailstorms of grain

Home is precious

White world is cold

However, the icicle tunes are melodic

The emperor is returning to his palace

第十六章

〈詩偈之八〉 戰場之吶喊

SANITY IS JOYFUL

Riding on a white horse,

Carrying the full blade sword,

Holding the victorious view---without wearing glasses---

As I hear the fluttering of the banner of victory,

As I smell horse dung,

As I hear the troops chattering along with their suits of armor---

I feel so romantic

And so brave.

As I carry the bow and arrow in my hand---

It is better than making love to a maiden:

As I defeat the enemy, I feel so good,

I feel so compassionate---

That is why I will say,

Ki Ki So So!

Maybe the Dorje Dradul is mad,

But on the other hand

The sanest person on earth is the Dorje Dradul.

Ki Ki So So!

D. D. M.

第十七章
〈詩偈之八〉 戰場之吶喊
BATTLE CRY

Riding on the horse who is impeccably, militarily trained,

Carrying the six weapons with one's head and shoulders up for the warfare.

Contemplating whether you are fighting in the name of passion or aggression---

Should you crush a jar of honey with your fist or slash it with a sword---

I am wondering whether I am what I am.

My deeds and thoughts will synchronize in the name of great dralas.

I wonder whether I may kiss the sword

Or lick the blade.

Shock should not be the warrior's startle;

But beauty and gentleness are the warrior's treasure.

When man fights man, should there be bloodshed?

Wallowing in one's depression doesn't seem to be the way to achieve true warriorship.

I enjoy fields of blooming warriors who chant the war cry.

I also enjoy warriors riding horses that never buck but smoothly sail through enemy troops.

第十九章

〈詩偈之九〉 之一──吉祥的巧合：財富與遠見

I

AUSPICIOUS COINCIDENCE

Wealth and Vision

The tiger has developed more stripes.

The lion has developed more mane.

Could the garuda fly further!

Is it possible that the dragon could resound deeper!

Could my ten years of being here be more!

Sometimes I feel I have been in North America 10,000 years;

Other times, maybe only ten seconds---

We grow young and old simultaneously.

We certainly appreciate what we have done,

What we have achieved, in ten kalpas or ten seconds.

It is wondrous,

Shocking,

That you as the noble sangha

And I as the Vajra Master---

We grew old together.

Such a wonderful dharmic world would be impossible

If we never met each other.

We could say that the wise and the wicked have no time to rest.

Let us not indulge each other

In the ground, path and fruition of our journey.

Let us wake and join in the celebration,

And let us go further without rest.

In the name of the lineage and our forefathers,

Let us hitch up our chubas fearlessly;

Let us bring about the dawn of tantra

Along with the Great Eastern Sun.

之二──「俳劇」之選粹
II
HAIKU
(excerpt)

All goes well.

Ki Ki---all goes worthywhile---So So!

I take pride in our expedition.

Since my mother left me without her fur chuba

I decided always to be chubaless,

A warrior without wearing clothes, walking in the cold.

My mother and my guru have agreed on this principle.

So now I am furless, clothesless.

On the other hand I remained a king,

Sitting on a throne with a self-snug smile.

If I never had my heritage,

This never would have happened:

Thanks to Gesar

And anybody related to the Mukpo family

Who has had the delicious meal of the Mongolian meat-eaters.

Good dish,

Solid gold brocade,

Genuine suit of armor,

Riding on a white horse into battle---

We take pride in all of those.

Ki Ki So So!

Ki Ki So So to Lady Jane!

Ki Ki So So to my white horse!

Ki Ki So So: we are the warriors without ego!

Om svabhava-shuddah sarva-dharmah svabhava-shuddho 'ham

Ki Ki So So!

第二十章
〈詩偈之十〉 讚頌
ANTHEM

In heaven the turquoise dragon thunders,

The tiger's lightning flashes abroad.

The lion's mane spreads turquoise clouds,

Garuda spans the threefold world.

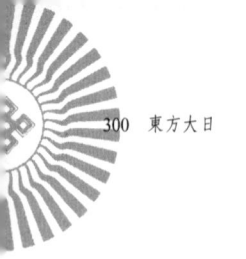

Fearless the warriors of Shambhala,
Majestic the Rigdens on vajra thrones.
The Sakyong king joins heaven and earth.
The Sakyongwangmo harvests peace.

The trumpet of fearlessness resounds,
The all-victorious banner flies.
Temporal and spiritual glory expands,
Rejoice, the Great Eastern Sun arises!

願我們恆戰勝落日的敵魔，
願不再受困於我執與猶豫，
願能追隨皇家勇士的腳步，
仿效諸位勇士的英勇行徑。
祈賜加持以驅除三界眾苦，
讓新黃金時代的祥和安樂，
東方大日與香巴拉的榮耀，
因而毫無障礙地迅速圓滿。

May we be ever victorious over the warring evils of the settin sun.

May ego fixation and hesitation be liberated.

Emulating your actions, imperial warriors,

May we follow in your footsteps.

Grant your blessings so that the suffering of beings in the three realms may be dispelled

And so that the excellent peace and happiness of the new golden age,

The Great Eastern Sun, the glory of Shambhala,

May be realized quickly without obstruction.

Great Eastern Sun by Chögyam Trungpa
Copyright © 1999 by Diana Judith Mukpo
Published by arrangement with Shambhala Publications, Inc., Boston
through Bardon-Chinese Media Agency
Complex Chinese translation copyright © 2024 by Oak Tree Publishing, a division
of Cité Publishing Ltd.
ALL RIGHTS RESERVED

善知識　JB0004X

東方大日：藏傳香巴拉的智慧
Great Eastern Sun：The Wisdom of Shambhala

作　　　者／邱陽‧創巴仁波切（Chögyam Trungpa）
譯　　　者／楊書婷
責 任 編 輯／陳芊卉
封 面 設 計／A⁺design
業　　　務／顏宏紋
印　　　刷／中原造像股份有限公司

發　行　人／何飛鵬
事業群總經理／謝至平
總　編　輯／張嘉芳
出　　　版／橡樹林文化
　　　　　　台北市南港區昆陽街16號4樓
　　　　　　電話：886-2-2500-0888 #2738　傳真：886-2-2500-1951

發　　　行／英屬蓋曼群島商家庭傳媒股份有限公司城邦分公司
　　　　　　台北市南港區昆陽街16號8樓
　　　　　　客服專線：02-25007718；02-25007719
　　　　　　24小時傳真專線：02-25001990；02-25001991
　　　　　　服務時間：週一至週五上午09:30-12:00；下午13:30-17:00
　　　　　　劃撥帳號：19863813　戶名：書虫股份有限公司
　　　　　　讀者服務信箱：service@readingclub.com.tw
　　　　　　城邦網址：http://www.cite.com.tw

香港發行所／城邦（香港）出版集團有限公司
　　　　　　香港九龍土瓜灣土瓜灣道86號順聯工業大廈6樓A室
　　　　　　電話：852-25086231　傳真：852-25789337
　　　　　　電子信箱：hkcite@biznetvigator.com

馬新發行所／城邦（馬新）出版集團
　　　　　　Cite (M) Sdn. Bhd. (458372U)
　　　　　　41, Jalan Radin Anum, Bandar Baru Seri Petaling,
　　　　　　57000 Kuala Lumpur, Malaysia.
　　　　　　電話：+6(03)-90563833　傳真：+6(03)-90576622
　　　　　　電子信箱：services@cite.my

一版一刷／2002年1月
二版一刷／2024年12月
ISBN／978-626-7449-45-5（紙本書）
ISBN／978-626-7449-44-8（EPUB）
售價／400元

城邦讀書花園
www.cite.com.tw

版權所有‧翻印必究
（本書如有缺頁、破損、倒裝，請寄回更換）

國家圖書館出版品預行編目（CIP）資料

東方大日：藏傳香巴拉的智慧／邱陽‧創巴仁波切（Chögyam Trungpa）著；楊書婷譯. -- 二版. -- 臺北市：橡樹林文化出版：英屬蓋曼群島商家庭傳媒股份有限公司城邦分公司發行, 2024.12
　面；　公分. --（善知識；JB0004X）
譯自：Great eastern sun：The Wisdom of Shambhala
ISBN 978-626-7449-45-5（平裝）

1.CST: 藏傳佛教　2.CST: 佛教修持

226.965　　　　　　　　　　113016435